阿米巴经营实战落地系列

AMOEBA

阿米巴长
心得12条

[日] 森田直行◎著　薛锦展◎译

人民东方出版传媒
東方出版社

推荐序一

近年来，国内企业掀起了学习稻盛和夫经营哲学和导入阿米巴经营模式的热潮。国内出版的稻盛和夫先生的著作虽然有几十本，但遗憾的是，其中90%的书籍是关于稻盛先生的人生哲学和经营哲学的，有关阿米巴如何落地方面的书籍寥寥无几。森田直行先生的著作《阿米巴长心得12条》在一定程度上弥补了这一缺憾。

众所周知，稻盛和夫先生建立阿米巴经营模式的目的包括：确立与市场挂钩的部门核算制度，培养具有经营者意识的人才，实现全体员工共同参与经营。所有一切的核心是培养人才。如何培养作为公司中坚力量的阿米巴长则是摆在所有想导入阿米巴经营的企业高管面前的难题。森田先生长期追随稻盛先生，深得阿米巴经营之精髓。几年前，由于我院与京瓷公司联合组建阿米巴研究中心，我有幸结识森田先生并与他成为朋友。他的谦逊、严谨和博学给我留下了深刻印象。他基于自己在京瓷集团公司 50 多年的工作经验，其中包括辅佐稻盛先生共同拯救日航的经验和作为董事长领导 KCCS 管理咨询株式会社的经验，总结提炼出的《阿米巴长心得 12 条》，无疑为人们更好地理解阿米巴经营提供了极佳的内部洞见，对于所有有志于提升管理能力的人，也是一本很好的经验导读。

上海国家会计学院院长　李扣庆

推荐序二

如何做好一名阿米巴长

稻盛和夫2010年接手拯救日航，只带了两个助手，其中之一便是森田直行——可以把稻盛哲学与阿米巴经营完美结合的第一人。而今森田直行的著作《阿米巴长心得12条》在中国出版，京瓷公司保持持续创造力的不二法门，将公之于众。森田直行直落根本：如何让公司赚钱？如何做好一个阿米巴长？这两个问题讲解得很到位。我结合自己的实践和阅读森田直行的体会谈一点看法。

一、要带着爱和敬畏去工作

记得有一次喝茶，我问稻盛和夫："外界传得您很神，您究竟是怎样拯救日航的？"

稻盛和夫没有回答我提出的问题，先问我："你知道什么是敬天爱人吗？"

我笑着摇摇头，示意他说。

他说：“一般人理解敬天爱人是要敬畏天道规律，带着爱去工作。这还不够，还要带着敬畏去工作。要敬畏每一个一线员工巨大的无穷性潜能。爱到深处是敬畏，敬畏到深处是大爱。要带着爱和敬畏去工作，要带着爱和敬畏对人、对事和对物。我从自己的经历中悟出了这个秘诀。刚开始到日航时，我跟高管们开会不太顺畅，他们有一大堆的抱怨和推诿。我不懂航空，就去跟一线员工请教，员工对每一个问题都有办法。只有领导有足够的敬畏、谦逊、开放、包容和大爱，再把一些规则和财务做到透明化，员工才知道该做什么，也自然会爆发潜能。”

带着爱和敬畏去工作，这是领导的基本工作态度，也是阿米巴长的基本态度。唯有如此，才可以把人的天然禀赋和物的天然禀赋都开发出来，完成经营目标。

二、全员对准利润，利润对准全员

阿米巴经营要瞄准标靶——利润。活儿干得不好，就没有订单，更没有利润。有了订单，还要性价比最高，才会有源源不断的利润。利他就是利润，这一条必须旗帜鲜明。阿米巴经营需要人人都有整体观，既要把细节做透，又不可以纠缠于细节出不来。当全员自觉对准利润标靶的时候，一切就都简单明了。财务要像玻璃一样透明，规则没有一处例外，人人就知道该如何对利润做贡献了。

三、答案永远在现场，实事求是

稻盛和夫在《活法》中谈道："答案永远在现场，现场有神灵。"在现场要实事求是。这是从一线摸爬滚打出来的稻盛和夫的最基本的方法论。"答案永远在现场"谁都会说，真要做到就难了。您即使有千真万确亲自体验过的经验，也不要自以为是地认为都不行。因为您一旦有了预设判断，一旦有了自是自矜自负自满，紧跟着就是自闭，您就会对好多现场起作用的因素视而不见，就没法从现场找到答案了。

正是为了克服这种大公司病，稻盛和夫创立了稻盛哲学和阿米巴经营。现场有无穷多的因素在发生作用，那是高维的能量场，而一旦变成了数字和文字，认知的维度就立刻降低，往往就看不到真相。

所以，稻盛和夫特别看重把决策权和执行权有机统一，将其放到一线上去，放给现地现物的阿米巴长。森田直行的书给出了 12 条阿米巴长的心得，很到位。

四、造物造人，生命成长既是人生最终目的，也是人生最大回报

人一旦可以自我驱动，就会爆发出无穷的能量。一个公司最

重要的不是有多少资本，也不是有多么完美的体系，而是有一线上过硬的主官和大头兵。他们是自己的柱子，是家庭的柱子，也是公司的柱子。这是稻盛和夫几十年经营企业最重要的心得。

稻盛和夫与朋友一起创办京瓷公司，他扎扎实实从营销、研发、制造、管理、财务方面入手，很快就有了起色。可是公司也出了问题。创业第二年聘请了 11 名高中学历的员工，刚干了一年，能独当一面时，他们却一起提出辞职。他们抱怨公司活儿太累，而他们的物质和精神都没有保障。

稻盛和夫苦口婆心，以身说法。公司里他是最累的，几乎每个岗位他都是一等一的出绝活的大头兵，而他一分钱也没往家里拿。这 11 名员工却想，公司是您的，你可以在未来拿到好处！稻盛在公司跟这 11 名员工谈了 3 天 3 夜没有结果，他又把他们拉到家里谈了 3 天 3 夜，结果还是谈不拢。

最后稻盛和夫的真实、毅勇和担当，反而深深打动了这 11 名员工，他们决定给稻盛和夫一次机会，就都回去干活了。

说服了高中生，稻盛和夫却没有说服自己。他三天没出门，就在家里反省。他感觉那些孩子提出的理由都是对的。你给不了现金，也该给出一个未来收入的承诺。作为领导承诺都不给，就是对自己没信心，我们干吗要跟着你吃苦不挣钱？稻盛和夫认识到自己错了！那一刻，他意识到自己眼中只有造物，而没有考虑普通人的具体困难，没有考虑员工生命的成长。造物造人岂能分开！

11名员工辞职的危机，给公司带来了一系列的深刻变化。一是公司确立了信仰：敬天爱人；二是确定了公司目的是员工物质和精神两方面的幸福；三是确定了阿米巴经营体制。当时稻盛和夫想起了《西游记》中的孙悟空，拿出一把猴毛一吹，就变出了无数个孙悟空。稻盛认为，员工跟他一样，人人可以是经营者，人人可以是孙悟空。怀着“敬天爱人”的信仰去造物造人，阿米巴经营就开始破土。

五、不撒谎、不欺骗、不偷盗、不偷懒、不掉链子

真实、真诚、至诚，才可以爆发出绝活。“不撒谎、不欺骗、不偷窃、不偷懒”中的这四个“不”做好了，可不得了。规则透明，人人真诚，经营氛围就简单纯粹。不真诚，就当不好阿米巴长。做到前四个“不”很不容易。作为阿米巴长，不只是自己要做到，而且还要营造氛围，让团队都不允许此种情况发生。

“不掉链子”就是自工序完结，不给后道工序添乱。前边四条都是投入的因，而最后呈现必定是在果上。不掉链子就是要勇猛精进出绝活。干什么都不掉链子，都不给人添麻烦，这是做人做事的自尊和敬畏。如果对人对事没有敬畏之心，是没有办法做到不掉链子的。

六、开好每天的晨会

每天晨会都把问题摆出来，大家一起重复基本原则，一起寻找办法。一方面在每个人内心形成一个纯粹的道场，另一方面也会在公司范围内形成一个工作就是修行的道场。

那次请教稻盛和夫究竟怎样拯救日航时，他就说出了这个简单的道理。要想把一些意识植入员工内心，就要利用开晨会的形式，重复重复再重复，一些意识就会进入员工的潜意识。

在公司中推行阿米巴，是一条深刻的变革。最重要的变革就是造物造人，真正关注员工的生命成长。毕竟，人生最根本的目标是成长，最大的回报也是成长。学习森田直行的真经，必然会带来公司和个人的成长。

感谢森田直行的学生薛锦展倾情翻译此书稿，请我为此书作推荐序。

著名管理专家　王育琨

目录

第三章　企业家精神

——使组织获得发展的阿米巴长心得

前　言

在企业中，“阿米巴长”（阿米巴长相当于国内的“部门经理”，在日本又称为课长。——译者注）这个职务占据着相当重要的位置。无论企业大小，阿米巴长都是业务现场的管理者和带头人。

阿米巴长是站在工作最前线上的场上队长，他的职责涉及多个方面：既要按照公司的经营方针管理团队、培养下属，又要代表本部门与其他部门或与外部单位进行业务洽谈，还要处理本部门的日常业务。有人说，“阿米巴长是中间管理职位”，其实确切地说阿米巴长是对公司最前线的现场工作人员进行管理，担负着公司非常重要的职务。

在日本企业中，许多阿米巴长都是先由普通员工晋升为组长，然后再被任命为阿米巴长。也就是说，从一个部门的管理者到成为管理多个部门的负责人，工作范围扩大了。另一方面，作为一名管理人员，阿米巴长的立场也发生了变化，既要对业绩数字负责，也要向经营高层直接汇报工作或执行其指示的工作。

换句话说，成为阿米巴长之后，就被赋予了管理现场业务和经营公司的部分业务这两大职责，同时承担着巨大的责任和义务。正因为如此，当上“阿米巴长”是一个人职业生涯中一个巨大的转折点。

但是，在不少企业中，往往把阿米巴长这一职务当作原有业务的延长线来对待，他们很少接受有关新任阿米巴长应该如何履行以上两项职责的培训。而且，由于没有经过充分的培训，所以在同时履行代表公司的管理职责和部门负责人职责的艰巨任务的过程中，阿米巴长往往容易陷入“上司和下属的夹板”，即左右为难的困境中。

在我公司所属的京瓷集团中，集团旗下的所有公司都导入“阿米巴经营”，即分部门独立核算制度。在“阿米巴经营”的管理模式下，各个部门就好像一个公司那样去开展业务运营，所以要求阿米巴长从一开始，就必须同时履行经营者和部门管理者这两项职责。为此，在京瓷集团，通常让大学毕业后加入京瓷工作 2 ~ 3 年以上的员工担任仅由数人组成的“小微部门”的阿米巴组织的管理者，以作为未来的阿米巴长候选人来进行锻炼和培养。

1995 年我设立了京瓷的子公司京瓷通信系统株式会社（以下简称为 KCCS 公司），并作为董事长兼总经理负责公司的经营管理。在经营管理的过程中，我也一直在思考如何培养阿米巴长这一公司最前沿的管理者，并不断地把我的管理思想付诸实践。我这么用心良苦地去培养阿米巴长的理由是：作为一把手的我深深地知道，无论我制定怎样的经营方针和做出怎样的指示，如果阿米巴长在现实当中不接受、不做出具体指示的话，那么我就无法按照自己的想法去调动现场工作的每一个人。也就是说，现场可达成的数字要让阿米巴长确定，并把该数字反映在公司的整体业绩中。换句话说，阿米巴长的经营水平的高低决定了公司整体的业绩。而且，我还明白了一个道理：阿米巴长的经营水平因人而异，不同阿米巴长的“现场能力”是大不相同的。

因此，在经营 KCCS 公司的过程中，我也一直在思索怎样才能更好地激发阿米巴长的潜力，提高经营现场的经营能力，并积极地举办阿米巴长培训等活动。

从以上的经营过程当中，我最终总结出了阿米巴长必备的 12 条职责和行动指南，也就是本书将要介绍的“阿米巴长心得 12 条”。

在 2008 年雷曼金融危机发生后的第二年，即 2009 年，我经营的 KCCS 公司也陷入了销售额和利润大幅度下滑的困境。为了摆脱经营困境，当时我想首先应该把经营现场的管理者阿米巴长的活力激发出来，于是我活用“阿米巴长心得 12 条”开展经营工作从而渡过了这场金融危机，所以，这套“阿米巴长心得 12 条”也是一部实践论。

目前，我担任董事长的 KCCS 管理咨询株式会社（以下简称为 KCMC）的主营业务是提供阿米巴经营管理模式的导入咨询业务，从当初在京瓷公司内部的一个小微事业部时算起，总共经营了 25 年。在此期间导入阿米巴经营的企业已经达到 600

多家，目前公司提供的阿米巴咨询导入业务已经从当初的制造业延伸到日本的服务业和医疗护理等领域，并在这些领域里也开展了阿米巴经营的导入咨询工作。

最近，我在日本阿米巴经营用户协会“阿米巴经营俱乐部”的活动中，对“阿米巴长心得 12 条”做了介绍，结果受到一致的好评。其中，有位导入阿米巴经营公司的董事长给我提了这样的建议：“导入阿米巴经营以后，我公司实现了可视化经营。同时我领悟到经营现场的结果取决于阿米巴长的能力，阿米巴长的能力高低会体现在工作结果当中。我也想加大对阿米巴长的培养力度，所以希望森田总经理务必把这套‘阿米巴长心得 12 条’总结成书籍并出版以供我们学习。”这个提议成为我动笔写此书的契机。

自 2010 年起的三年间，我与出任日本航空株式会社（以下称为日航）董事长的稻盛和夫(京瓷名誉董事长）一起对日航进行了重建。重建开始后不久，日航的业绩就戏剧般地回升，甚至超出我们这些当事人的预料。众所周知的是，2013 年 9 月日航重新在东京证券交易所实现了上市，距提出日航重建申请计划仅仅过去了两年零八个月，在如此短的时间里取得重建成功，不能不说是个奇迹。

该重建案例被称为“日航复活的奇迹”，受到人们的高度关注。日航的植木义晴总经理曾指出，日航成功复活的原动力之一就是“现场管理者发生了变化”，他分享的成功秘诀如下：

在日航内部推进经营哲学、进行意识改革的过程中，管理者的思维方式也发生了变化。以前在日航，一旦担任管理职务，人数少的部门要管理 10 名、人数多的部门要管理 40 名左右的下属。管理者做的只是“管理”工作，其职责是接到上级指令以后，把指令传达给下属，让他们去做。这一点在日航重建的过程中发生了改变。现在，管理人员需要做的管理工作是理解我作为公司一把手的经营意图，紧密团结 10 名下属，作为部门负责人带领组织朝正确的方向前进。他们不再只是管理者，而成了保护、引领组织前进的管理者。如果能为我培养出 1,000 名、2,000 名这样的管理者的话，我就有无往不胜的信心。

（摘自《KCMC 阿米巴管理报告》）

综上所述，阿米巴长作为站在企业最前沿的指挥官，其职责非常重要，因为他担当了公司经营管理和部门管理合二为一的职责。

在本书中，我把自己在京瓷工作期间开始受到的稻盛和夫先生的熏陶，与经营 KCCS 公司过程中获得的各种启发融合在一起，总结归纳成阿米巴长心得 12 条，并进行了具体说明。例如：培养部下的目标制定方法，部门信息管理方法，客户沟通、跨部门沟通方法等内容。本书不仅对每日被这些问题困扰的阿米巴长们有直接帮助，而且对想要成为阿米巴长或需要培养阿米巴长的领导也有借鉴作用。如果所有商务人士能够活用本书内容的话，我将深感荣幸。

希望更多的读者通过阅读本书获得启发，解决工作当中的问题或苦恼，并在此基础上成为“会赚钱的组织”的“会赚钱的阿米巴长”，那么对于笔者来说，便是无上的乐事。

森田直行

第一章

何谓阿米巴经营

2010年2月，稻盛和夫先生出任日航董事长，开始对日航进行重建。日航从破产到重新上市只用了两年零八个月，被称为“日航复活的奇迹”，媒体也通过各种形式进行了报道。稻盛先生后来回忆说，当时他决定出山拯救日航，并非对日航重建怀有自信和胜算，甚至可以说完全没有把握。在去日航赴任之前，稻盛先生就对我们说过：“如果我来接管，我将采用自己长期以来摸索构建的经营手法来拯救日航，那就是：①通过在日航导入‘哲学’来改变干部和全体员工的意识；②通过在日航导入‘阿米巴经营’即分部门独立核算制度来改变经营结果，此外别无他法。”

在京瓷集团，“京瓷哲学”和“阿米巴经营”被誉为“一辆车的两个车轮”“一枚硬币的正反两面”，无法分离。因此，在阐述阿米巴长心得12条之前，请允许我对稻盛和夫先生创造的、已在京瓷和日航成功实践过的“阿米巴经营”的经营机制做个介绍。

“阿米巴经营”是怎样一种经营模式

“阿米巴经营”是对小集团分部门独立核算制度的称呼。京瓷（原名“京都陶瓷株式会社”）成立于1959年4月1日，创业之初员工人数只有28人。第一年的销售额只有2,600万日元。到了50多年后的2014年3月，已发展成为销售额约1兆4,400亿日元、全球员工人数约7万人的国际型企业。在这令人惊叹的发展中，京瓷用的唯一的管理机制就是“阿米巴经营”。其间，虽然也经历了各种经济危机和急速的日元升值，但京瓷公司连一次赤字都没有出现过。是什么让京瓷创造出这样的奇迹呢?

这当然是因为京瓷拥有稻盛和夫先生这样非常优秀的经营者。已成为国际型企业的京瓷集团，至今仍作为一个高利润企业而闻名。如果要探究其成功秘诀的话，稻盛先生这样回答:“是全体员工夜以继日地努力工作的结果。”也就是说，是因为京瓷全体员工坚持实践了“全员参与的经营”，才打造了今天高收益的京瓷集团。

那么，所谓的“经营”到底是指什么呢？

如果有人问我“经营是什么”的话，我会回答：“经营就是指不断创造利润的经济活动。”在企业工作的员工，都把企业能否基业长青、自己能否随着企业的发展而成长、能否维持稳定的生活作为选择企业的标准。从这点来考虑，持续保障员工的生活正是经营的责任所在。因此，“只要今年赚钱就可以了”这种短期想法是不足取的，要承担起长期保障员工生活的责任。而且，这种责任不仅仅由高层经营者来承担，也是承担部分经营责任的阿米巴长等部门管理者的职责，甚至可以说是在部门工作的所有人的责任。如果从这种观点来看待经营的话，那么在现在这样快速变化的社会和企业环境中，许多企业采用的以预算制度为中心的经营体系是否真的合理呢？现在企业为追求“利润”所做的努力，结果又如何呢？在财务会计中，利润作为营业活动的成果计入报表，制造部门只计入制造成本。但是，在制造部门降低成本的基础上，如果设计、技术和生产等环节提高效率的话，都会成为公司的竞争力、利润的来源。

目前许多日本企业的经营者最看重的是营业部门设定的“增加销售额”的经营目标。但在评价经营时，却以总销售额和毛利为中心。在营业部门，往往对利润的意识较为淡薄。其结果就变成“利润是次要的”。而且，对于营业部门来说，“市场行情”很重要，为获得订单，不是根据制造成本来决定售价，而是以市场行情为依据来确定。制造部门的目标是“降低成本”。而且，以目标成本和“实际花了多少钱”的实际成本之间的差额作为其工作的评价指标。但在制造部门由于无法计算真正的利润，因此也无法对利润负责。而间接部门因只有经费预算目标，所以其使命就是按照经费预算执行预算计划。

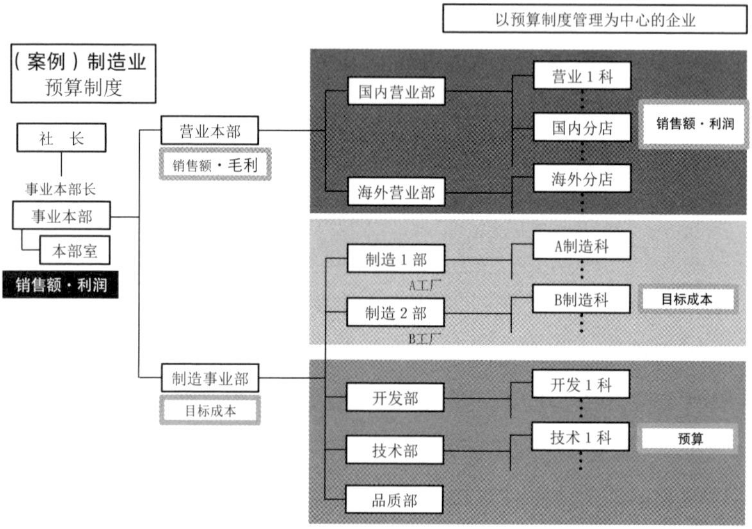

图 1–1　企业的利润管理

图 1–1 是一张常见的公司组织架构图。如果导入了预算制度，那么营业本部的经营目标就是实现销售额和毛利目标，而制造事业部的经营目标则是把目标成本和经费控制在预算目标之内。

需要注意的是，能够掌握公司和企业利润的是对制造和营业两个部门的业绩数字进行汇总的事业本部长。假如社长做出指示：“由于公司利润减少，请马上拿出对策吧！”那么事业本部长应该向谁发出怎样的指示呢？如果营业部门按照与其他企业相同的价格进行销售，那么就会说利润减少是由高成本造成的。如果制造部门已经努力把成本降到目标成本以下，那么就会说利润减少是由营业部门的低价销售造成的。也就是说，领导必须对营业部门和制造部门的经营目标做出调整才能有效地制止利润下滑，可是，在年中对年度目标做出调整可不是一件简单的事情。

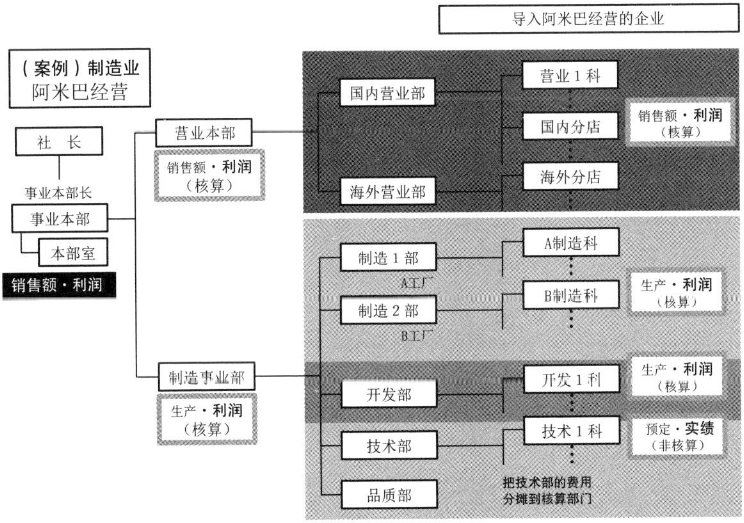

图 1-2　企业的利润管理

图 1-2 是一张导入阿米巴经营的公司结构图。这样的公司最大特点就是营业本部、制造事业部和开发部分别成为利润管

理的对象。这么做的好处是，在阿米巴经营模式下，营业部门可以追求销售额和利润，制造部门也可以追求产量和利润。事业本部长针对“利润减少”的课题，就可以根据阿米巴核算表的结果尽快确认各个部门的利润，并发现利润滞后的部门，从而及时采取对策。而且在日常工作中，可以通过阿米巴核算表构建起除本部长和事业部长外，部长和阿米巴长等干部也要对利润负责的经营体制，实时掌握日常工作的进度和利润情况，确保及时应对市场的变化并采取相应的对策。

综上所述：经营数字实时可见以后，人们会改变自己的行为，自行去发现问题或课题，并努力去解决。

阿米巴经营的效果

在阿米巴经营中，能够清楚看到与销售额和利润相关的组织，通过各自的工作取得了怎样的成果。也就是说，公司整体的经营情况一目了然。这样一来，经营方针和经营决策、课题解决及对问题点的讨论能变得更为活跃，各组织承担的职责也很明确，方针及活动会随时发生变化。如果能像这样较好地把阿米巴经营导入各企业的各项事业中，那么不但对经营者、本部长和事业部长有利，对于部长和阿米巴长，甚至组长来说，都能积极投入到本部门的改革中。

我从事阿米巴经营的咨询工作已经有 25 年，无论在怎样的企业或组织当中，只要灵活运用阿米巴经营，就一定能够构建起全体员工共同参与经营的工作体制。在京瓷集团，这种经营模式被称为“全员参与的经营”。可以把公司想象为一个参加团体赛的运动队。参加团体赛的队员假如不知道现在的比分，不知道胜负，这支队伍能够取胜吗？假如每一名队员不带着目标去努力提高自己的体力和技术，这支队伍就不可能变得强大。按照这个思路，没有比“全体员工把公司的重要课题‘利润’作为目标，团结一致努力工作”的力量更强大的了。

阿米巴经营在各行各业推广

起初，“阿米巴经营”是京瓷集团的“葵花宝典”，概不外传。但是，在得到稻盛先生许可之后，我把阿米巴经营打造成“管理产品”，成立咨询事业部，对外提供阿米巴经营的导入咨询业务，弹指一挥间至今已过去25年。在此期间，导入阿米巴经营管理机制的企业已将近600家。

图1–3是按照不同行业和工种汇总的导入阿米巴经营企业的数量。

最初，我们主要为和京瓷一样的以制造业为主的企业提供阿米巴经营的导入咨询业务，如图1–3所示，制造业的阿米巴经营导入比例占到53%。后来，在餐饮和婚丧业等服务业、批发业和零售业等流通行业也开始导入阿米巴经营。最近，学校和私塾等教育机构也开始活用阿米巴经营。日本的教育行业正迎来学生减少的时代，因此丰富教育内容、健全管理机制成为教育行业的重要课题。在阿米巴经营的管理模式下，所有职

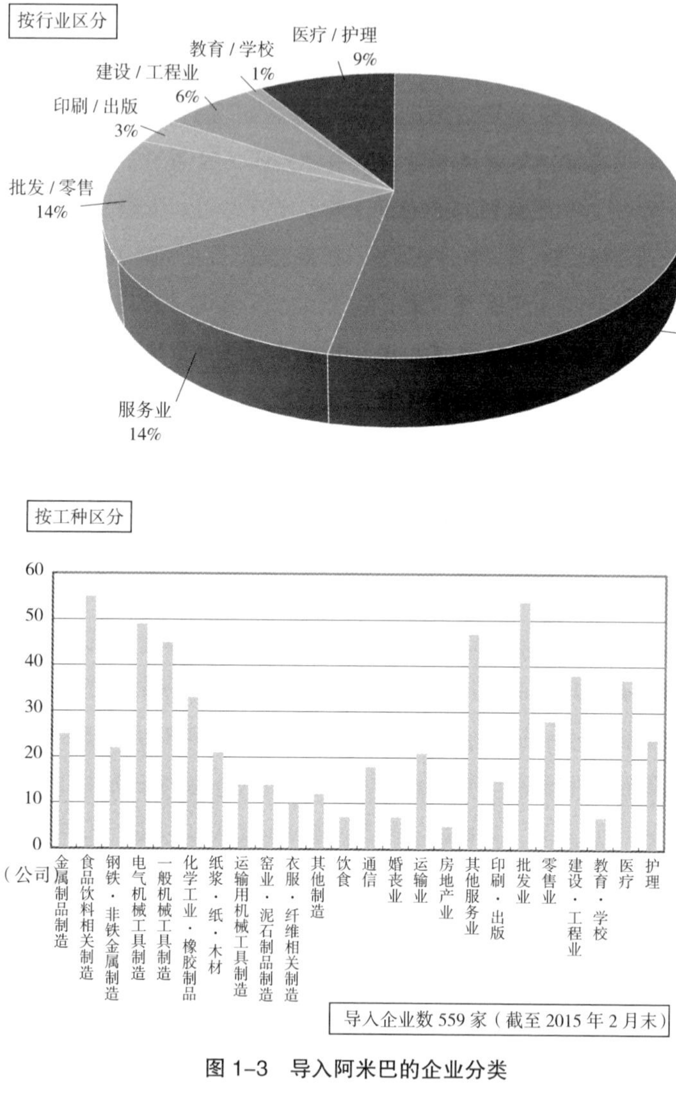

图 1–3　导入阿米巴的企业分类

员都能参与管理，每个人都可以出谋划策。此外，在医疗和护理领域，已有超过50家法人导入阿米巴经营，导入后不但在经营方面扭亏为盈，而且在完善医疗护理服务方面也发挥了巨大作用。最近，为响应国家的“医疗与护理合作”方针，医疗法人和护理法人正通过阿米巴经营进行资源整合，实现合并经营。

与此同时，阿米巴经营正在加速海外业务的发展。在中国，已翻译出版了稻盛和夫先生的多部著作，以此为契机，许多经营者表达了想学习“稻盛哲学”的愿望，和日本一样，中国各地也设立了盛和塾，已有许多经营者在认真学习哲学，还有一些企业提出想导入“阿米巴经营”的愿望，因此，我公司在中国上海成立了“京瓷阿美巴管理顾问（上海）有限公司”，开始在中国市场提供“阿米巴经营”的导入咨询业务。目前导入企业已超过10家。

日本神户大学的名誉教授加护野忠男先生说：“以往的经营体系都是以白领为中心，而阿米巴经营最大的特点是不论白领和蓝领，所有的员工都能深度参与经营，从这个意义上讲，阿米巴经营具备了实现巨大发展、为全世界的企业管理做出贡献的可能性。”

阿米巴经营不仅适用于制造业，也同样适用于服务业，正如在日航活用阿米巴经营，为日航重建发挥巨大原动力那样，在新兴的事业领域，无论企业的规模或行业如何，只要导入阿米巴经营，也都能对经营改革产生巨大的作用。正因为当今的社会正处于一个多变的时代，被称为“以心为本的经营”与市场直接挂钩的“阿米巴经营”在今天才越来越受到人们的关注。

现场能力因阿米巴长而不同

在京瓷，大家达成共识的是公司要扩大事业并持续成长，“提高现场能力”至关重要。我认为，在其中起支撑作用的是“心”和“经营机制”。“心”是指实现经营理念，“经营机制”指的就是阿米巴经营。

而“提高现场能力”的主要任务是由阿米巴长来完成的。阿米巴长在推进工作的过程中，每天对下属进行细致的指导，并发出指示和命令。

在实践阿米巴经营的过程中，我深切地感受到，阿米巴长作为现场最前沿的管理者，他如何经营部门、带动部下，决定了部门的业绩，甚至还会影响整个公司的业绩。

从下一章开始，我将围绕本书的主题——阿米巴长作为经营现场带动现场的负责人应该具有的思想觉悟及阿米巴长被赋予的职责和行动指南，汇总成“阿米巴长心得 12 条”，进行详细解说。

【专栏1】“科”的定位及对阿米巴长的期待

在修订京瓷的人事制度时，规定了作为部门“科”的设置、取消、合并都是须审批的事项，需要经过总经理的审批才行。这是由于把“科”作为组织编制的基础，无论在核算管理方面还是在劳务管理方面，“科”都被定位成一个重要的单位。

从人事角度来看，被任命担任“科”这一部门阿米巴长职务的职员，一定是在判断力和人格魅力方面都具备充分管理一个部门所需能力的人。

因此，在新设一个部门组织时，必须坚持以“科”为基础编制部门，不能设置不属于任何“科”的“组”部门。这是因为，即使毫不费力地设立一个组织，如果没有能对该组织进行管理的阿米巴长，那么从长期来看，即使设置了这个部门也不会产生好的结果。

例如，不能在京都分公司里设立一个“组”来作为东京总公司“A科”的下属组织。因为“A科”的阿米巴长在东京工作，即使在京都设立了“组”并配备了人员，在东京工作的

“A 科”的阿米巴长也不能当面地看到这些人。解决方案是可以在京都分公司里也设立一个“科”部门，同时配备一名阿米巴长来对这个组织进行管理，这才是理想的组织编制。

从组织方面来讲，设立一个“组”非常简单。但仅仅这样的话，无法仔细观察到在这个组织工作的员工。即使在东京“A 科”工作的阿米巴长每月去一次京都，也还是无法掌握现场的经营情况。因为距离上的阻隔导致阿米巴长无法看到在京都工作的员工的面部表情，会在需要做出判断的时候带来诸多不便。

阿米巴长至少需要承担部门管理者的职责：仔细观察部门的经营状态并经营好本部门组织。正是基于这种想法，京瓷在设立组织时，决定把“科”作为组织编制的基础单位进行管理。

第二章

会赚钱的阿米巴长必不可少的素质

阿米巴长不只是管理者，还必须是指挥官

以前，人们常常把阿米巴长称为中层管理人员。“管理人员”这个说法是从英语“manager”翻译过来的，但在日语中，说到“管理”，总是给人一种“对下属工作进度情况进行管理的人”的印象。因此，阿米巴长的工作容易被误解成把上司指示的目标传达给下属，并按照该目标指挥下属工作。例如，对工作进度慢的下属给予忠告；下属有意见或建议时，汇总以后向上级报告。也就是说阿米巴长起着经营干部与现场员工之间沟通的桥梁作用，这的确只能算是履行了中层管理人员的职责。

但是，实际上阿米巴长既是“现场的管理者”，也必须站在经营者的立场上开展工作。换句话说，成为阿米巴长，便迈出了走向经营者的第一步。

阿米巴长应该对现场工作的成果、经营现场发生的一切情况负责。因此，阿米巴长的首要职责是，要创造一个让下属充满干劲的工作环境，通过对部门的管理让下属拥有梦想和明确目标，并引导部门员工团结一致，为达成目标而努力工作。

同样是由人构成的组织，有的组织能力强，而有的组织能力弱，其原因是管理者的能力不同而造成组织之间的强弱差异。

过去，在我们举办的阿米巴经营研究会上，曾有某公司的一位部长提出了以下问题：

“在我们公司，有个部门以阿米巴长为中心经营得非常好，业绩也很不错。由于这位阿米巴长太优秀了，所以公司对他寄予厚望，提拔他担任另外一个很有希望的新部门的阿米巴长，除了这名阿米巴长以外，部门其他的人员都没有变。同时，公司也为他原来所在的部门配备了新的阿米巴长。其结果是原来业绩很不错的部门业绩开始变得十分不稳定。通过此事我领悟到公司必须对普通员工进行培训，不能因为只换了一个阿米巴长就影响部门的整体业绩。请问，京瓷有没有发生过类似的情况呢？”

对于这个问题，我的回答是：“您说得不对。正是因为换了个阿米巴长，部门的业绩才变得不稳定。部门每位员工的能力当然没有变，但管理这个部门的负责人拥有什么样的想法，具备怎样的领导能力，能否汇聚起部门每位员工的能力才是部门业绩好坏的决定因素。也就是说，部门的阿米巴长是非常重要的。因为换了一个阿米巴长，造成整个部门业绩变得不稳定甚至业绩下滑，是很有可能发生的事情。”

提出问题的人可能认为，只换了一个领导，只要部门成员还在而且团结一致的话，新的阿米巴长上任以后，这个组织也能很好地运营。可是在现实当中，部门负责人变了以后，该部门的业绩也变得不稳定了。如果阿米巴长不能正确地发挥领导能力，组织的力量也会发生很大变化。也就是说，我们必须认识到，阿米巴长的领导能力对业绩有非常大的影响。

例如，一个部门里有一名出色的明星人物存在的话，他的能力可能打造一个优秀的部门。但在现实中，这样的人凤毛麟角。组织中的大多数人都是普通人，所以必须汇聚所有成员的力量，相互促进，提高能力。像这样负责现场部门的阿米巴长，不仅仅是一名管理人员，我们也期待他作为一名经营者，发挥其卓越的领导能力。

部门的业绩是阿米巴长创造的，阿米巴长经营现场的工作结果决定了部门的业绩，而公司的业绩则是由各部门的业绩组成的。

阿米巴长必备“领导力”

领导力是指领导必须具备的指导能力和统帅能力。

京瓷的领导力是稻盛先生在设立京瓷以后，不断地摸索经营机制的过程中培养起来的。因此，可以说是通过实践培养出来的“领导力”。

据说稻盛先生在孩提时代就是一个孩子王，其领导力应当非同一般。稻盛先生 1955 年从鹿儿岛大学毕业后，进入了绝缘子制造企业——松风工业工作，仅仅工作 3 年以后便被提拔为特殊陶瓷（即新型陶瓷）科的科长，凭借统领部门的领导力带领着部门员工共同努力拓展事业。后来，稻盛先生因技术开发方针与自己的上司（当时的技术部长）产生了分歧，于是从松风工业辞职。在周围人的劝说下，27 岁时稻盛先生设立了京瓷（当时称为京都陶瓷株式会社），共同创业的人员有松风工业的上司部长和下属。那时，成立京瓷公司的目的是“向世人展示稻盛和夫的技术水平”。

由于当时京瓷是创业不久的公司，还没有挑选人才的资格。创业的时候录用了20名初中毕业生，加上8位公司发起人，公司总共28名员工，由此拉开了京瓷提高心性、拓展经营的序幕。

京瓷从松下电子工业株式会社接到了批量生产电视机零部件的大额订单后，开始顺利运营。但据说当时由于员工和设备有限，员工们不得不连日彻夜工作，十分努力。这种拼命三郎般的努力，让公司在第一年决算中就实现了销售额2,600万日元、经常利润300万日元。

在良好业绩背景的驱动下，公司在第二年录用了11名高中毕业生，但到了下一年，即1961年，这11名员工就集体发动“叛乱”。他们提出集体谈判的诉求：要求每年加薪、支付奖金等改善待遇及保障未来。

稻盛先生当时感到非常震惊。京瓷原本是以“向世人展示稻盛和夫的技术水平”为目的而设立的公司。因此，他可能从未想到录用的员工会因为对待遇不满而罢工吧。

“为了你们，我会尽最大努力。但我们是刚刚起步的公司，无法给你们承诺保证未来的事情。”对于稻盛先生这样的说法，11名高中毕业生无法接受，其结果是谈判持续了三天三夜。据说，最后稻盛先生说了下面的话。

“虽然我无法承诺保证你们的未来。但我肯定我所做的一切都是为了你们。请相信我。如果我有背信弃义的话，任杀任剐。”（摘自《以心为本经营京瓷20年》）最终，大家接受并相信了稻盛先生。

稻盛先生说，通过这次经验，他学会了怎样做一个领导。

从那以后，京瓷的经营理念就此诞生，其经营理念就是：“追求全体员工物质和精神两方面幸福的同时，为人类和社会的进步与发展做贡献。”

公司最基本的目的是保障员工的生活。而且，为了保障员工的生活，企业必须持续不断地创造利润。

从那以后，稻盛先生一直把实现这个理念作为公司经营的最大目标。但随着京瓷公司不断发展壮大，以经营者的一己之力已经很难顾及整个组织，必须培养出像自己一样分担经营责任的共同经营者。为了培养出这样的人才，稻盛先生把京瓷的组织在公司内部进行细分，也就是说把组织划分为现场负责人都能管理得过来的小型阿米巴组织，并赋予现场负责人负责经营该部门的权力。同时，把现场负责人作为部门管理者和经营者进行培养，教其运营手法和计算部门盈亏的方法。

这就是前面介绍过的阿米巴经营的基础。因此，在导入阿米巴经营的企业中，公司的发展与培养出多少具有经营者意识的阿米巴长息息相关。

在京瓷，对管理者的培养理念是“作为管理者应该是什么样”，以此为基础，特别着力于干部的培训。

那么，阿米巴长在经营自己部门的时候，即负责管理本部门的阿米巴时，应当怎样发挥领导力呢？

与一般的公司相比，“京瓷的领导力”具有不同之处。

京瓷的阿米巴经营以全员参与为前提，因此，公司的销售额和利润等经营信息，对所有部门、所有员工都是公开的。阿米巴长不是带着只有自己知晓的信息去指挥下属，而应该在下属也知晓相同信息的情况下，或者给下属创造更多掌握经营信息的机会，让大家共同参与经营。

因此，不能因为自己是上司，就具有隐瞒信息的优越性。虽然在与对手谈判时，拥有对方不知晓的信息是有利的，但在与伙伴的合作中，则有可能会破坏信任关系。领导应创造让下属知晓相同信息的条件，和下属共同思考，形成合力。

隐瞒只有自己知道的信息，并在此基础上发号施令，被别人称赞说“不愧是领导，真厉害”的工作方式是错误的。如果这样工作的话，下属自己会不做任何思考，完全等待上司的命令和指示。

与其如此，不如把自己知道的信息都告诉下属，大家集思广益的结果，会更容易产生好点子，也能提高下属的干劲。

领导不是要建立一支按照自己的指示行动的队伍，而是要培养出能主动行动的下属。但是，也不是说对下属放任自流，什么都不管，重要的情况领导都应该了如指掌，必要时还需出手相助。因为如果下属的行动失败了，那么领导必须承担责任。因此，沟通是非常重要的。

当然，虽说要信息公开，但如果该信息属于公司的机密信息，那么这些信息是不能让下属知道的。但除此以外，都应尽量公开，使下属能发挥出自己的能力。此外，也要做出一些赞扬下属的举动，如说“您真厉害，不愧是阿米巴长”。我在给阿米巴长培训的时候，特别希望员工记住美国的迈克尔·哈默（Michael Hammer）、詹姆斯·钱皮（James A. Champy）合著的《再造企业——工商业革命宣言》中的一段话：“真正的领导者，不是命令部下去做自己想做的事，而是使自己想做的事成为部下也想做的事”，我一直在把这样的管理理念传达给员工。

领导人必须具有“企业家”精神

导入阿米巴经营以后，对领导的能力要求除了必备的领导力以外，还必须具备企业家精神，这点也非常重要。

需要说明的一点是，让员工具有“企业家精神”，并非希望员工将来辞职去独立创业，而是希望员工像创业家那样，随时把工作当作自己的事业，我想这么做，我想变成那样等，拥有自己的目标。

关于企业家精神，现代管理学之父彼得·德鲁克先生有过以下论述：

> 我们知道，人类创造的所有东西都会变老，变得僵硬，变得陈腐，变得痛苦。所以，无论在经济生活还是社会生活中，无论在企业还是社会性服务事业中，都需要有创新和企业家精神。
>
> （摘自《创新与企业家精神》）

彼得·德鲁克先生所说的企业家精神，是一种不甘于现状、不断追求进步的精神。人类创造的东西没有“绝对”和“永远”。因此，不能满足于已有的，在任何时候都要坚持自我革新。

阿米巴长这个职位常被称为中间管理层，从公司整体来看，容易被当作一个没有多少决策权的职位。但是，如果只是把上司（部长）的话传达给下属，是不能被称为管理者的。即便公司的指示有许多限制，那么也要在限制的条框内发挥无限创意，这种意识非常重要。这就是本书所说的企业家精神。

如果您认为，经营团队以外的人“只要把上司安排的事情做好就行了”，这种想法是极端错误的。这与是否导入了阿米巴经营无关，对于肩负着管理一个部门责任的阿米巴长来说，重要的是能够自主制定本部门的目标，并拥有锐意进取、努力变革和改善的态度。

而且，谁也不知道经过部门全体员工的努力，这个目标能否实现。因此，阿米巴长率先制定好本部门的目标后，只有带动部门全体员工向目标努力，团队的士气才会越来越高。

另外，如果您认为“只要把上司安排的工作做好就行了”，那么您对下属一定也是“只要做我安排你做的事情就可以了”的态度。

要求下属默默地完成安排的事情，和命令对方变成自己的机器人是一样的。但是，请想一下，有员工因为自己被要求变成机器人那样工作而感到开心吗？恐怕一个人也没有吧。当一个人听到“照我说的去做”时，他的干劲也就消失了。而且，如果成员都没有干劲，那么这个团队的工作效率自然也会下降。

阿米巴长绝不能命令下属说“照我说的去做”。因为在公司组织中，上司的命令是绝对的，所以下属不能说“不想做”，而只能回答“知道了”。但这时，下属会认为自己不需要思考了。然后，以一种不需要思考的态度去开展工作，这样的话，容易变得心不在焉，还有可能在工作上犯下大错。

在工作中，因人为错误或心不在焉地工作而造成返工的情况非常多。这些返工会耗费大量的成本，并降低工作效率。

阿米巴长不能只做被指示的事，必须具有独立思考、创造性工作的“企业家精神”。而且，只有具有企业家精神的领导，才会培养出拥有企业家精神的下属。

成为管理者之后也要常怀“进取心”

被提拔为阿米巴长以后，大家通常认为这既是一种晋升，也是一个职业巅峰，但不能因此而骄傲自满。从另一个角度来看，阿米巴长也是成为经营者的起点。这样一说有人可能会觉得自己了不起，但其实自己只是站在了为下属尽力、为别人尽责的立场上。

因此可以说，阿米巴长是一件苦差事。在京瓷，越是部门领导，工作越辛苦，甚至有人说完全没有自己的时间。尤其是阿米巴长，需要经常为下属考虑、为下属奔波。完全是一个利他的角色。

有些读者看到我这样的说明，可能会想：“这么辛苦的职务，不当阿米巴长也罢。”的确，现在是一个富足的年代，不用那么辛苦地当阿米巴长，或许也能生活得下去。

但在我年轻的时候，日本的情况并不是这样。那时的日本企业，在其他国家的人看来，不仅企业规模小，质量和技术能力也很落后，员工的待遇也好不到哪里去。在这样的情况下，我们都为了企业能早日追上外国企业并不断发展壮大而努力工作。对于个人来说，为了家人能过上更好的生活，都希望自己能具备领导能力，早日在公司出人头地，拿到丰厚的薪水。所以，成为领导、负起责任，就是我们的目标。

这种情况在当今社会不也是一样的吗？大家进行入职面试时，都会回答："我一定会努力工作……"，所以才被录取为正式员工。如果你当时在面试时的回答是："我在工作上甘居中游，不想出人头地。只想做一名普通的员工，一边轻轻松松地工作，一边享受自己的爱好。"那么可能就不会被公司录用了。

而且，如果你努力工作，四五年后就会成长为公司不可缺少的人才。那时候，公司自然而然会问你："想不想做领导？"如果你想继续努力工作，就必然会成为领导，担任阿米巴长的职务。

当然，被选为阿米巴长的人并非都具有领导力。但是，只要对工作充满热情，就能掌握该工作所需要的能力，成为拥有该专业相关知识的专家，领导力是可以通过后天的努力和学习来掌握的。本书正是为了达到这样的目的，即帮助阿米巴长培养领导力的管理书籍。

其实，领导力的一种是"管理人心的能力"，即使是学历高、工作能力强的优秀人才，也往往出乎意料地缺乏这方面的训练。我甚至感觉，越是学历高的人，越缺乏这种管理人心的能力。这是因为统一人心需要通过实务经验及沟通能力才能获得的。

与在年轻时通过努力学习进入名牌大学的人相比，稻盛先生作为“孩子王”率领调皮捣蛋的小伙伴，在管理方面的能力似乎更强。当初京瓷创业时，因没能录用到高学历的人才，稻盛先生就由原来的“孩子王”变成了领导，管理公司的运营。像稻盛先生这样的“孩子王”具有自然而然与周围打成一片的能力，其结果是公司的业绩也如雨后春笋——节节高。

但是，原来的“孩子王”终究具有不爱学习的倾向，职务升到一定级别以后，就开始止步不前。作为小组的管理者或组长，还可以凭借“管理人的能力”带领下属前进，等到成为管理多个部门的阿米巴长或部长后，除了工作方面的专业能力，如果不具有扎实的理论功底、判断力和说服力，是不会被小组的负责人或组长所信赖的。

因此，已具备管理人心能力的原来的“孩子王”，也需要具备工作方面的专业能力和完成工作所需的优秀领导力。领导力并非一学就能掌握。当上阿米巴长以后需要学习具备阿米巴长的领导力，当了部长需要重新学习部长的领导力。而且，同样是阿米巴长，工作不同、下属不同，所用的语言和提高士气的方法也不同。所以，领导力并非学一次就够，而是必须持续地学习。

我希望大家不要因为当了阿米巴长或当了部长就觉得自己进步了，而是要不断保持“进取心”，成为更好的领导。

现在，我本人虽然已成了董事长，但仍然感到在工作中有许多需要学习的东西，所以我不断地在学习，提高心性，成就自己，用京瓷哲学来说就是：今天胜过昨天，明天胜过今天。

用“阿米巴长心得12条”培养阿米巴长级别的管理者

本书把阿米巴长必须具备却又容易欠缺的素质分为“企业家精神”、“领导力”和“进取心”三大类。这些不是由与生俱来的人格或才能决定的，而是每一名立志成为阿米巴长的人通过学习、训练都能掌握的后天的能力。

我一直经营着KCCS公司，同时也经营着为企业导入阿米巴经营的KCMC咨询公司。虽然行业和规模各不相同，但阿米巴长是企业的关键人物，这一点在任何企业都是一样的。而且，以上3个素质也是对阿米巴长的基本要求。

从这些经验中，我总结出了“阿米巴长心得12条”，向读者介绍作为一名阿米巴长应该思考什么，如何去做等内容。

企业家精神——使组织获得发展的阿米巴长心得

第 1 条：经常思考“部”和“科”的成长与发展——拥有开阔的视野

第 2 条：制定远大的目标——提高斗志

第 3 条：向上司和下属明确表达自己的想法和理想——提高说服力和表达能力

第 4 条：掌握科内所有业务——经营细节

第 5 条：把“作为人，何谓正确？”作为判断标准——重要的是能从理论上解释为何做出这样的判断

领导力——让下属达成目标的阿米巴长心得

第 6 条：把团队力量发挥到极致——统一方向

第 7 条：率先垂范——拥有挑战精神很重要

第 8 条：成为与客户及公司内部其他部门交涉时的中心——贯彻客户至上主义

第 9 条：随时关注下属的状态——加深与下属的信赖关系

第 10 条：表扬、批评下属——加速下属的成长

进取心——有前途的阿米巴长心得

第 11 条：在特定领域拥有卓越的专业能力——增强好奇心

第 12 条：勿忘自我反省——拥有诚实之心

以上内容是我在研讨会或咨询现场实际传授的内容，其中既包含受稻盛先生熏陶的案例，也浓缩着阿米巴长如何发挥领导力、统一部门方向并提高利润的真谛。虽然这 12 条阿米巴长心得每条都能用一句简单的话来表达，但要想融会贯通，需要

理解、实践以及有反省的态度。

从下一章开始，我将结合自己亲身经历过的具体例子，以任何人都能看懂的方式，进行详细的阐述。

第三章

企业家精神

——使组织获得发展的阿米巴长心得

阿米巴长心得 12 条　第 1 条

经常思考"部"和"科"的成长与发展

——拥有开阔的视野

阿米巴长的使命是经营部门的人心，引领部门发展壮大。

部门"科"的业绩决定着"部"的业绩，也影响着事业部和全公司的业绩。一旦被任命管理一个"科"的部门，阿米巴长就必须明确部门的目的和意义，思考如何促进部门"科"的成长，以及如何为上级部门"部"做出贡献。

此外，还要在部门"科"的员工培养、组织体系设计、年度计划和月度计划制定等所有课题上提出明确的主张。这些构想要与部门的员工共享，还要获得上司及公司领导的批准。就像企业家怀着梦想和热情去开创事业一样，阿米巴长可以按照自己的"想法"去经营"科"的部门。

确定部门"科"和"科"的目的和意义，以开阔的视野构思"科"的发展和"部"的发展，并对组织的未来做出规划，这就是阿米巴长的第一条心得。

像企业家那样工作

如果说到阿米巴长最大的使命，那就是让公司交给自己的部门“科”不断发展壮大。有人可能会因责任重大而畏缩不前，但是让自己经营的部门发展壮大是阿米巴长的职责。

我把“让自己掌管的部门‘科’不断发展壮大”的“想法”叫作企业家精神。

如果自己创立一个公司，可能很少有人认为“赚的钱只要能生活就可以了”或“维持现状就可以了”。如果只有这么一点干劲儿的话，与其承担风险去创业，还不如找一个稳定的工作。

过去，在大企业工作被认为是稳定的职业。但是，全球化进程发展到现在，大企业的员工也有可能遭遇重组或非本人意愿的岗位调整。大企业要想持续发展、维持大企业的优势，就必须拥有能为企业成长与发展考虑并行动的、具有企业家精神的员工。

只考虑维持现状或生活稳定的阿米巴长，大多数是连这样明确的意识也没有、靠论资排辈不知不觉升任阿米巴长的人。这样的人虽然被称为阿米巴长，但归根结底也只是上级部长的下属，像普通员工一样，认为只要完成上司安排的工作就可以了。

但是，把部长的指示简单地传达给下属的阿米巴长，完全没有存在的意义。即使部长什么都没有安排，阿米巴长也要成为自燃型的人才，主动思考如何使本部门“科”不断地发展壮大，从而为公司的发展做出贡献。

如果认为自己部门“科”从事的事业没有发展的希望，要有勇气向上级提出“我们的部门‘科’没有存在的意义，解散了吧”。如果是真心实意地想为公司的发展做贡献的话，从“作为人，何谓正确？”的思维方式出发，阿米巴长提出这种建议是天经地义的事情。

不能把对下属的温和与放任混淆

通常，阿米巴长的职责有以下 3 项：

①按照公司经营干部的指示，制定部门“科”的经营数字目标并为达成该目标进行管理。

②激发下属的积极性，指挥下属为达成目标而努力工作。

③负责高层领导与现场之间的信息传递，实现上情下达，下情上转。

仅仅圆满完成这些，或许便可以得到“能干的阿米巴长”这样的评价，但如果要挑战更高的目标，则必须经常思考部门“科”的成长与发展。

当您思考部门“科”的运营问题时，首先会想到“把自己部门的员工凝聚在一起”，这样一来往往会容易变成讨好下属或过度照顾下属。

例如，在设定本期目标时，下属提出的数值可能低于上司要求的数值。这时，如果您向下属表示认同并最终采用了较低的数字作为目标，乍一看好像是个温和的阿米巴长，但其实您不能算是真正为下属着想的阿米巴长。如果真是为下属着想，哪怕最初会感觉比较痛苦，也应该让他们挑战更高的目标。这是因为通过设定更高的目标，下属的能力会提升得更快。

而且，作为经营者一员的阿米巴长，他的首要目标应该是为公司的利润做贡献。但我们有时也会看到有人一旦成为阿米巴长，被任命管理一个部门以后，便立刻急于对这个部门进行保护，而忘记了为公司做贡献的事。

团结部门员工、发挥下属的能力固然重要，但有些阿米巴长过分袒护自己的下属，产生了错误的认识。

举个我曾经做部长时发生的案例：因某个员工犯了大错，我当场严厉地批评了他。结果这名员工的直接上司当时打断了我的话，他说：

“森田部长，他是我的下属，请允许我回到部门以后好好教育他。您能不能不要在这里当众批评他呢？”

我是这样回答他的：

“他是你的下属，但他首先是我的下属、总经理的下属。对他来说，我也是上司之一。我作为部长，有批评他的权力。而且，他的确是你的直属下属，但他首先是这个公司的员工。难道他是你个人雇来的下属吗？如果是那样的话，我就什么都不会说了。”

该阿米巴长认识到自己的错误后马上退下了。我能理解这位阿米巴长的心情，自己的部下在众人面前被部长当众批评，他可能感到脸上无光，考虑到下属的心情，就想平息事态。但是，反过来说，也许正是平日里这位阿米巴长的这种恻隐之心，才造就了他的漫不经心和粗心大意。

已经发生的错误虽然没有办法，但为了不再犯，发现错误的领导人必须当场提出严肃批评。这时，作为阿米巴长到底应该如何面对呢？我期待他能在我批评时做到“不插嘴，一起听”。等部长批评完以后再告诉下属，“部长批评的内容我也理解了。我们必须学习改正，做到他想要的结果。你能直接得到部长的指导，应该感到荣幸。因为这是一次很好的学习机会”。拥有这样思维方式的阿米巴长就非常了不起。相反，如果事后阿米巴长对部下说“部长说的话不要放在心上”等安慰的话，则是不对的。

阿米巴长在成为管理者以后，才会开始动脑筋思考自己所属的上级部门的部长所思考的事，这就是所谓的“屁股决定脑袋”的管理思维，只有坐在阿米巴长的位置上以后才会去思考这位管理者应该思考的事情。另外，还要关注其他部门的经营状态，积极思考“部”的发展，唯有这样，自己才能在未来获得成长。

阿米巴长的职责是“使自己的部门发展壮大”，但也不能因此就只考虑自己部门的事业，还必须思考怎样使自己部门所属的上级部门“部”持续发展。

此外，最好还能经常把公司整体的发展放在脑中。这就是“拥有开阔的视野”的内涵。

阿米巴长心得 12 条　第 2 条

制定远大的目标

——提高斗志

阿米巴长制定部门目标的时候必须融入自己的意志，然后与部门成员一起努力达成目标。在制定部门目标的时候，有没有让部门员工共同参与制定目标直接决定该部门的发展速度。部门的目标应能反映阿米巴长的想法、让部门的成员感到部门存在的意义和工作的价值。

该部门目标应当是一个能激起部门全体员工斗志的远大目标。就像运动员的目标是参加奥运会、登山家的目标是挑战艰险的高峰那样，要制定一个远大的目标，并不断发起挑战，坚定阿米巴长自己的意志。

重要的是每个月都要持续坚持，超越自己。针对销售额、产量、经费削减等具体课题，提出较高的数值目标，与部门成员共享，并引领全体成员共同努力、势必达成目标。

拥有远大的目标和为之奋斗的决心，再加上不断的努力，一定会带来丰硕的成果。

远大目标造就强有力的团队

阿米巴长的使命是使公司交给自己管理的部门不断地发展壮大。为此，必须制定能激励部门全体员工为之努力的远大目标。

为什么必须制定远大的目标呢？这是由于在人的成长过程中，设定目标是必不可少的。

让我们大家一起来思考一下体育竞技比赛的例子。比如，有两支足球队，A 队的队长平时是以“在省运动会上获胜”或“参加全国运动会”为目标训练队伍，而另外一队的队长是以“只要开开心心地训练就行了”的心态训练队伍。如果这两支队伍互相比赛的话，哪怕最初的实力相同，经过 1 年的训练以后，请问哪支队伍会变得更强，会获胜呢？

答案是不言而喻的，肯定是 A 队伍会成为绝对的强队而且获胜。因为只有树立远大的目标以后，队员才会为了哪怕是进步一点点而不断努力训练。进入国家代表队参加奥运会、获得奖牌的选手，一定都有严格的领队和教练，经常对他们进行批评和激励。通过这样严格的管理方式，他们才能忍受超乎常人的严格训练，只有克服了各种困难的选手才能加入国家队、拥有获得奖牌的机会。

放任只会让人妥协。在设定目标时，如果有两种目标供选择：①设立远大目标，②设定“只要稍稍努力就能达成的目标”，那么人们往往会选择后者。但是，如果设定的目标轻轻松松就能达成，人们就不会感受到压力，也就不会成长。另一方面，如果选择设立“远大目标”的话，那么为了达成远大的目标，靠过去的按部就班、吃老本等做法是不行的。只有制定了远大目标的部门，才会锐意进取，思考应该做些什么，并付诸行动。这样一来就能提高个人的能力，甚至提高部门的整体实力。以上两种不同的目标选择会在日后产生巨大的差距，选择怎样的部门目标完全是由阿米巴长的意志决定的。因此，如果阿米巴长真心为下属考虑，就应该铁石心肠，让下属们挑战更高的目标。

与下属共享达成目标的意志

在阿米巴经营中，每月都要制定部门的数字经营目标，在制定目标时，往往容易暴露出阿米巴长内心的软弱。例如，假设某生产部门制定的月度生产计划是 2,500 万日元，然后把 2,500 万日元的生产计划排产到日生产计划表一看，发现生产任务显得非常紧张，而且还有可能赶不上交货期。于是，阿米巴长往往把生产计划调整为 2,000 万日元左右，为本部门的经营留出余地。

但是，如果制定的月度生产计划是 2,000 万日元的话，那么最多只能完成 2,000 万日元的业务。而如果制定 2,500 万日元的月度生产计划，那么即使没有完成 2,500 万日元的目标，但有可能也会完成 2,400 万日元的业务。从结果来看，制定哪种目标会取得更好的结果呢？毋庸置疑，答案是制定高目标会取得更好的结果。

在制定目标的时候，每个人都希望制定一个够得着的容易达成的目标。但作为阿米巴长，必须敢于制定挑战极限的远大目标，以此来鼓舞下属。

“能干的阿米巴长”甚至还会拜托营业部的阿米巴长给他的生产部追加500万日元的订单。然后，他会向下属宣布，“各位伙伴，这个月我们大胆制定了部门历史最高的3,000万日元的月度生产计划。大家可能会比较辛苦，但是让我们一起来挑战吧”。

这时，如果阿米巴长没有赢得下属的信任，那么他的号召就会成为一句空话。因为是阿米巴长的命令，所以下属们会说“知道了，领导”。但可能有不少员工内心会这样想“太不现实了，制定这么离谱的目标，怎么跳也够不着，怎么可能达成呢”。只要大家不是发自内心地说“领导，知道了，我们一定会全力以赴、势必达成这个月度目标，一起加油吧”，那么，无论阿米巴长制定了多么远大的目标，终归都是纸上谈兵。

有些阿米巴长在制定月度目标的时候会问下属：“我想把这个月的月度生产目标设定为3,000万日元，大家能配合我一起来达成这个月度目标吗？”当听到有员工回答说“我觉得很难”以后，他马上就会做出妥协：“是吗？那我们还是把月度目标设定为2,500万日元吧。”

在我担任KCCS公司总经理，经营手机无线基地的建设和维护等通信工程业务的时候，曾发生过这样的一件事：公司的某个事业部的业务直到2002年度为止一直亏损（KCCS于1995年9月22日成立，意味着该事业部已经连续亏损了6年。——译者注）。我认为必须尽快采取对策实现扭亏为盈，于是我实施了一系列的改革措施：①我把与工程相关的各种费用制成一览表，并开发了运用阿米巴经营核算表就可以简单计算工程项目成本的管理工具。然后，在公司内部举办学习会，教会大家如何计算成本。②为了更进一步地开源节流，我把以前由事业部长审批的外包工程订单改为需要报请总经理审批，而且规定待签字的外包工程审批文件需要附上成本分析表，并告诉通信工程事业部门的技术人员，我只审批单位时间附加值4,500日元以上的外包工程订单。新审批制度实施以后，一开始提交上来的外包工程审批文件的单位时间附加值只有2,800日元左右，由于制度规定我不在单位时间附加值2,800日元的文件上签字，自然无法对外下达外包订单，于是，现场人员开始绞尽脑汁地思考如何提高单位时间附加值的利润。事实上在经营手机无线基地工程业务中，大部分的作业工程都是外包给合作的施工单位。因此要想提高利润，只能开源节流：要么削减外包费用，要么节约本事业部的部门经费。由于新的审批制度规定我只审批单位时间附加值4,500日元以上的外包工程订单，而现阶段的单位时间附加值是2,800日元，所以该项目的阿米巴长必须把以前需要花费200个小时的工程时间缩减到100个小时以后才符合审批规则，才能拿过来找我签字。缩短单位时间以后，单位时间附加值的确可以提高，但是如果过度地缩减直接工作时间的话，外包工程的比例就会相应增加，从而造成我公司数百名技术人员和施工人员无事可做。即使营销人员拼尽全力获得5,000万日元的订单，假如工期设计为2个月100小时，每月只有2个人次工作的话，就根本不可能养活拥有300人的通信工程事业部的所有员工。像这样通盘考虑以后，该事业部的阿米巴长在控制外包比例的基础上，还会努力思考为了改善部门的经营业绩，我们还可以做些什么？既要确保事业的安全，又要全力消除浪费、缩短工期；同时，回归京瓷经营事业的原点，又对工程的操作步骤与内容、各工序的做法进行改善改良等彻底的改革。经过这些努力以后，通信工程事业部的单位时间附加值的实绩提高到4,500日元以上。结果，从2001年度到2007年度之间，该事业部的实际利润成功提高了30多亿日元。

拥有坚定达成目标的决心

现场管理者常常被上司要求制定一个高目标，重要的是阿米巴长本人如何回应。出乎意料的是，许多人没有认识到这件事的重要性。

例如，假设某个部门的月度数字目标是由阿米巴长和部门成员共同协商确定的。而且该部门的数字目标也反映了阿米巴长本人的意志，也是部门全体员工都能接受的数字目标。为了获得上级领导部长的批准，在去向部长进行月度目标说明以后，部长说："单凭这点数字目标还不够，再加上一点"，而且，该阿米巴长的任何解释都是徒劳的，于是只能接受部长的要求。

即使从部门"科"的现状和实力值来看，这个月度目标对于该阿米巴长来说已经过高，但是如果没有达到上级部门“部”或公司的期待数字目标，那么，部长就会指出不足并要求重新提交。

这时应避免做出条件反射式的反应：要避免虽然自己不理解部长的指示，但还是迫于上级领导的压力被动地接受被强加的目标。如果阿米巴长的想法是“领导都这么说了，那么只能照做执行了”的话，后面对下属进行说明时就会缺乏说服力：“各位伙伴，部长指出咱部门这个月的月度目标需要增加。部长真是不了解现场咱们部门的情况。可是我也是没办法，大家姑且一起先把月度目标修改一下再说吧。”如果对下属这样讲，那么之前的部门所有员工为实现月度目标而积累起来的干劲就会一落千丈。可能部门当中有些小伙伴会表达一定程度的同情，说：“当阿米巴长也真不容易啊”“部长提出这样的要求也确实太没有道理了”，但不会有员工会产生“努力完成部门要求的新目标”的想法。

这样一来，新提出的部门目标就不再是真正意义上的目标。而且，一旦形成这样的工作气氛，达成月度目标就会变得极其困难。

那么，当上司提出超过自己预期的目标时，阿米巴长应该怎么对待呢？

首先，阿米巴长本人必须做的是真心响应部长的期待，下决心达成部长提出的目标。同时还要思考：部长为什么会提出这样的目标？这个目标有什么意义？目标达成以后自己的部门“科”会怎样？阿米巴长必须弄明白上级领导提出这个目标的理由，并下定要达成目标的决心。

其次，必须认真地彻底地思考达成目标需要做些什么、怎样才能达成目标。只有思考到极致并把该目标融入到自己的潜意识以后，这个目标才不再是被部长强加的，才真正成了自己的目标。此时，再向下属说明："关于这个月的月度目标，虽然我努力向部长做了说明，但部长考虑到'部'的经营目标以后，要求我们再多做一些努力。在部长给我们部门目标做的指导当中，有些地方说得很有道理。的确，从公司高层部长的角度出发，我们部门制定的月度计划确实偏低了。因此，我认为大家应该按照部长提出的目标去做。我本人也一定会努力，希望得到大家的配合。咱们一起来再想想吧！"应该这样动员部门小伙伴们重新为了更高的目标而努力。

这是对阿米巴长本人最初制定的月度计划进行自我否定。

作为阿米巴长，必须自己制定月度经营目标。按照别人说的话来制定目标，不可能会发自内心地产生"一定要达成目标"的决心。但如果别人提出的目标能让自己认可，也是可以的。只要从心底认为这个目标好，就和自己制定的是一样的。

在现实当中，即使这样挑战高目标，也不确定是否真的能达成。但重要的是不懈地努力，坚持到最后。与低目标相比，一定会取得更好的结果。这种积累必定会对业绩产生积极的影响。

在设定目标的时候，每一名阿米巴长如果都愿意接受挑战，制定出高一点点的数字目标的话，都会大大影响到公司整体的业绩。各位阿米巴长今后在制定部门目标的时候，请牢记这一点，然后再去制定目标。

阿米巴长心得12条　第3条

向上司和下属明确表达自己的想法和理想

——提高说服力和表达能力

阿米巴长的语言表达会对周围产生很大的影响。

阿米巴长在日常工作当中，要把自己的梦想和理想准确有力地向上司和下属表达，以便获得理解与共鸣。只有付出这样的努力，阿米巴长才能得到周围的信任，才能按照自己的路径去经营理想的组织。作为领导，使用怎样的语言，怎样表达自己的思想非常重要。

古今中外，伟大的领袖都善于运用积极的语言去抓住听众的心。阿米巴长也是一名领导，也必须使用积极的语言激励部下，去调动周围的能量为自己所用。

为此，阿米巴长应学习古先圣贤的语言，使用明快、积极、肯定的表达方式来表达自己的想法，并约束自己的行为。经过这样的持续训练，才能把先哲的语言变为自己的哲学。

语言能对自己的思考产生影响，并提高自己的思考水平。

把想表达的内容写成文章

在对刚刚晋升的阿米巴长进行培训的时候，我首先对他们提出的要求就是努力提高表达能力的方法。与现场员工只需要掌握一对一的对话沟通技巧不同的是，当上阿米巴长以后，当众讲话的机会会增多，所以说话方式、声音大小、表达方式就显得格外重要。

我认为，很有效的一种表达方法是，在讲话之前预先准备好要讲的内容和要表达的想法。如果事先做了准备，并对内容进行了反复检查，那么在公众面前讲话时就会显得很有自信。

阿米巴长需要经常在公众面前讲话。开会时常常被要求发表意见，有时还必须在许多公司领导面前汇报工作。因为不习惯，可能就会缺乏自信，如果没发挥好，可能还会情绪低落。有无事先准备，在这些场合的讲话效果会截然不同。

有时还需要面对上司进行报告，以取得上司对企划内容的认可或对提议的批准。站在下级的立场要说服上司并非易事。即使事先已在家练习过，但在做报告的过程中也会受到质疑或有人提问，自己的报告进程也会被打断，有时还会忘记自己讲到了哪里，从而感到焦虑不安。

遇到这样的情况，可以将事先准备好的文章读给听众听，这样，听众也不会中途提问，而会一直等到读完。与即兴说明做报告相比，读原稿更容易得到听众的理解。但要注意的是，原稿必须用容易理解的口语体来写。即使读原稿，也属于口头表达，所以请直接用他人能够理解的口语来写报告原稿。在实际的管理工作当中我也是这样要求自己的下属，要求他们用口语体写报告书的原稿，然后在现场朗读给大家听。因为大家都很忙，这么做能够高效利用彼此的时间。

用口语体写原稿的好处之一是，一边写原稿，一边在心中默读原稿。也就是说，会在脑海中预演对上司做报告进行说明的场景。既然是原稿，无论写得多么不流畅都没有关系，如果错了，可以返回去修改。经过这样反复推敲，发言内容会变得越来越简洁，而且还能够发现逻辑上的矛盾之处，无论别人提出怎样的问题都不会慌乱，都能从容作答，因为自己在做报告前已经在脑海中对内容进行了整理。

使用明快、积极的语言

担任阿米巴长后，发言的机会变得非常多。这时，作为一名领导者，有一点需要加以注意。那就是“作为领导者，应经常使用明快、积极的语言”。而且，阿米巴长应珍惜使用语言的机会。因为语言是“有灵魂的”，所以透过说出的话，他人可以看穿发言者的人格。

过去，在京瓷的会议上，我曾说：“我说错了”，然后重说，稻盛先生对我说，“不，最初的语言才是发自你灵魂深处的语言。重说的话不是你内心的话”。通过这件事，我认识到最先说出的话才是发自内心的话，所以必须对自己的发言多加注意。于是，我在平时就开始注意在什么场合应该使用怎样的语言，为此也在这方面做过许多练习。

例如，工作当中必须避免使用消极的“不能”或“太难”等否定词。可以说“虽然困难，但是能做”。

如果写下“太难了，我做不到”或“太难了，我不可能做到”等语句，自己的头脑中便真的会这样想。所以，我经常要求下属训练自己把这些消极的词语替换成“我能做到”的积极语言。

例如，假设需要告诉部门员工“因日元急剧贬值，零部件进口价格上涨，目标达成变得困难”。虽然理由很充分，但如果得出“困难”或“难”的结论，会让听到的人认为“无法实现”而丧失干劲。

领导者的语言具有影响力，所以使用消极的语言会降低下属的士气。因此，即使要表达相同的内容，也要注意使用肯定的语言结尾。以刚才的例子来说，应该像下面这样说。

“因日元急剧贬值，零部件进口价格上涨，对于当初的目标来说，情况变得非常严峻。但只要所有人多动动脑筋，通过削减经费，达成目标是有可能的。”

这样说的结果，虽然“能做到”还是“做不到”并不十分明确，但得出的结论不是“不可能”，通过语言的运用，给人带来一种“可能性”。

当说出“不可能”的一刹那，无论自己还是下属都会放弃思考如何做才能“做到”。要坚持战斗到最后一刻，就应该注意这样一句话：始终采取积极的态度。

即使是相同的事情，表达方法不同，效果也会截然不同。例如，“这事太难了，估计做不成”是一种表达方法，但如果换成说，“这个项目有3个非常难的课题。但是，只要完成这些课题，这个项目应该就可以成功”，这样把措辞一改变，就变成“能做到”了。

把“做不到”变成“能做到”，不但能激发下属的干劲，对于阿米巴长本人来说，通过改变措辞，还能够学会积极的思维方式，常常会使人生向好的方向转变。

因此，我要说的是，“当了阿米巴长以后，要学会拥有‘能做到’的思维方式。这么做会使人生变得更美好。必须明确地意识到这点。所以，发言时要有选择地使用语言”。

在我和稻盛先生一起去重建日航的时候也发生过同样的事。在航空行业里，航运旺季是日本盂兰盆节（每年农历七月十五日，也称“中元节”）前后的暑假及元旦前后的时间，因为这个时期旅客会大幅度增加，据说忙过这一阵子就可以赚取公司全年的利润。旅客最少的淡季是在每年的2月份，几乎日本所有航空公司2月份的业绩都是亏损的，这似乎已经成为日本航空行业的一个常识。日航也不例外，自从成立以来，2月份也从未实现过盈利，连日航的干部都公开说：“2月份不可能盈利，亏损也情有可原。”当时，担任日航董事长的稻盛先生非常重视这个问题。

稻盛先生当然了解航空业的经营情况，也知道在年历上2月份飞行天数少的客观事实。但是如果每年2月份都亏损的话，公司的业绩就必须通过用其他月份的盈利来填补亏空，然而由于航空业存在各种不确定因素的风险，一旦其他月份也出现亏损的话，经营就会变得非常艰难。

对此，稻盛先生指示道：“我已经了解公司在2月份容易出现亏损的情况，但请大家好好想想，有没有什么办法可以使日航的经营业绩在2月份从亏损变成盈利呢？”起初，公司内部也出现了不少异议。例如，“稻盛先生还是不了解航空业的经营常识”“稻盛先生明知在2月份不可能出现当月盈利，却尽说些实现不了的事”等。但是，随着稻盛先生在日航开展的“员工意识改革与经费削减运动”不断地潜移默化，员工们逐渐地开始响应稻盛先生挑战2月份当月盈利的号召。“我们尽最大努力试试看”“也许能做到2月份当月盈利”，有这样的想法的员工也逐渐增多，通过这些员工的创意和智慧，重建日航第1年的2011年2月，公司破天荒地在2月份成功地实现了当月盈利，也成为日本航空行业的美谈，从此，“2月份亏损”这一常识也从日航消失。

重要的事情要像“断线的唱片”那样反复传达

阿米巴长作为领导者，要做到“不使用否定性语言”。这句话说来容易，但只听到这句话的人可能不明白为什么“不能使用否定性语言”，而且即使听完解释可能也不能马上领会。即使已经掌握了积极的表达方式，只说一次也很难把自己的想法传达给下属。要想影响下属的思想，让他和自己想的一样，就必须反复传达自己的想法。

稻盛先生把这种情形比喻为像“断线的唱片”那样反复传达。

过去，稻盛先生曾问我有没有在认真地培养下属。因为稻盛先生看我好像没太理解，就让我在晨会上再给部下做个训话。

因为我不太擅长训话，所以我答道：“那件事我已经说过了。反复说的话，大家会嫌我啰唆吧！”结果，稻盛先生狠狠地把我批评了一顿。

“难道你能聪明到别人只说一次，就能理解了吗？你的下属也能一次就理解你的讲话吗？重要的事情必须像断线的唱片那样反复地说。”

如今的年轻人，可能不太了解“断线的唱片”这个比喻的意思吧。

过去的模拟唱片机通过唱针划过刻好的凹凸音沟来播放音乐。唱片都是圆盘形，这是由于刻的音沟呈由外而内的旋涡状。但是，一旦音沟受损，唱针就不能前进，同一乐句便会被反复播放。这种出现播放故障的唱片被称为“断线的唱片”。

所以，有时领导者必须变换一种表达方式，使用比喻，再结合具体事例，耐心地反复说明。只有这样重复相同的话，才能让人们产生“那个阿米巴长又在说教了”的想法。那样的话，员工为了不再被说教，才会采取行动，这是员工产生了不想被说教的心理，从而自己加以注意的缘故。而且，如果失败了，下次也会注意避开这个问题。

因此，对于领导者来说，忌说“你要让我说几遍”这样的话。感情冲动地进行批评，会给人以领导者气度不够的印象。即使在这样的时候，也必须说，“可能我的说话方式不好，但我希望你这样做”。

人们以为已经记住了一件事，但其实马上就忘了。而且，如果是认为不重要的事，便连想都不会想起。因此，阿米巴长必须让部门的小伙伴们知道，“如此反复地强调，一定是非常重要的事情”。

用自己的语言去讲话

前面介绍的是表达方式。那么，领导者应该使用什么样的语言呢?

我认为，即使要传达的内容相同，每个人也可以采用不同的语言和表达方式。这是因为，如果不是本人发自内心认为“这样才好”的语言或表达，所传达的语言就不会有力量，就不具有说服力。

在京瓷集团，有一套“京瓷哲学”，收录了稻盛先生在日常工作中经常对员工讲话的内容，许多企业家都在学习这套哲学。

京瓷哲学是一套非常朴素的内容，如“不偷别人的东西”“不撒谎”“遵守承诺”等，是以“作为人，何谓正确?”作为基础的良知哲学。但是，即使都是以京瓷哲学为基础的同等重要的内容，因为所使用的语言或表达方式的不同，所传达的效果也是不同的。我认为这没有任何问题。重要的是用自己的语言传达自己认为确有必要的内容。

我要求作为阿米巴长的领导们多学习一些“好的语言”。为此，我奉劝他们：多读圣贤书籍和稻盛和夫先生的书籍，如果从过去的伟人或稻盛先生的书籍中读到自己觉得喜欢的文章、很好的话，那就记在笔记本上，把这些话变为自己的语言去使用。也就是说，从能当作自己座右铭的好文章中，不单单选出一句话，而是要选出许多能在不同场景使用的话。而且，要学习如何使用这些语言，按照“自己的想法”“自己的哲学”“自己的思维”使用这些语言，掌握向上司或向下属明确传达“想那样做”“想这样做”的能力。

阿米巴长心得 12 条　第 4 条

掌握科内所有业务

——经营细节

身处工作最前沿的现场阿米巴长，必须掌握部门内的所有业务，而且要经营每一个细节。

提高部门每一名员工的经营意识，为工作现场制定纪律并制造紧张感。这些事情只有阿米巴长才能完成。每天都要对部门的工作内容进行确认：谁负责什么业务、有无悬而未决的事项、工作上有没有出问题、是否按计划顺利地开展业务等。另外，了解部门员工与其他部门的同事或客户如何开展工作也非常重要。

作为管理者，阿米巴长本身必须坚持“有意识地去注意”，即“有意注意”。只有这样，部门员工也才会在工作中学会经营细节。

通过阿米巴长的正能量激励，部门的每名员工对待工作的态度和习惯也会发生变化。

对部门内的工作了如指掌

担任阿米巴长以后，可以指挥下属完成公司交给的更重要、更大型的工作。因此，有些人认为，当了阿米巴长以后，把现场琐碎的工作交给下属去做就可以了。事实上有这种想法是非常错误的。

作为对现场进行管理的阿米巴长，不能把工作完全交给下属去做，必须关注现场所有琐碎的工作。换句话说，无论多么细小的工作，阿米巴长都必须仔细检查。

这么做有两个理由。一是因为阿米巴长是对现场所有工作承担责任的人。假如阿米巴长把工作完全交给下属，万一出现任何失败，责任人是阿米巴长。因此，阿米巴长可以给下属布置工作，但下属的工作结果或判断必须得到阿米巴长的确认和许可。

二是，阿米巴长担负着“观察现场员工的工作状态、确认每个人的能力，并在此基础上对工作方向及方法进行因材施教、提高下属的心性和能力”的职责。

因此，阿米巴长首先必须掌握部门内的所有业务，其次还要随时知道每位员工在做什么事以及怎样去做。

在部门的业务中，阿米巴长不能有不了解的业务，或不知道某位员工在做什么工作。所以，新上任的阿米巴长非常辛苦。为了发挥领导力，必须努力学习部门内的业务。

新上任的阿米巴长刚刚接手以前从未做过的管理工作，最初可能什么也不懂，即使熟悉以后，在业务操作方面可能也比不上其他老员工，因此可能会感到不好意思，但这是由于工作经验和工作时间的不同而造成的自然而然的结果，完全不用为此感到不好意思。阿米巴长有阿米巴长的职责，只要发挥出其领导力，得到大家的认可即可。

那么，什么是阿米巴长的领导力呢？发挥阿米巴长的领导力是指下属能够愉快地为阿米巴长工作。为此，阿米巴长必须熟知下属的业务内容，必要时主动给下属提出建议。

假如被别人问起部门的业务时，如果阿米巴长自己都不知道的话，那才是阿米巴长的耻辱。不能找借口说："关于那件事，我已经交给 ×× 下属去做了。"如前所述，即使把工作交给下属去做，阿米巴长也要承担接受工作汇报、做出业务批示的义务。

过去，在我自己当上部门"科"的阿米巴长的时候，有一次被稻盛总经理问到部门的工作问题时，我就是这样回答的："关于您提问的这项工作，我已经交给下属了，目前不是很清楚……"随即，我就遭到稻盛总经理的严厉批评。

"部门的工作难道不是全部由阿米巴长你来管理的吗？你怎么能不清楚呢？你就是这样当阿米巴长的吗？阿米巴长是对部门'科'里的所有事情都负责的人。就好像家庭里的主妇那样，把家里管理得井井有条。你回到家可以问问你太太家里的事，你太太保证对家里大大小小的事情都了如指掌。"受到这样的批评以后，我多少有些懊恼，于是，当晚回家以后，我试着问了妻子"剪刀放在哪里""能把指甲刀也拿给我用一下吗""对了，上次岳父送的酒放在哪里呢"等等不少问题，令我吃惊的是，妻子竟然全部都对答如流。因为家务都是她自己收拾的，所以她不可能不知道。不，连不是她收拾的东西，她也知道什么东西放在什么地方、情况怎样。作为家庭主妇，如果家里有她不知道的事情，她好像会非常在意。为此，我进行了反思，从第二天开始，我就开始注意掌握部门“科”里的所有事情。

随着对所有业务的掌握，我自身也发生了变化，逐渐开始对非常琐碎的事情也在意起来。例如，复印好的会议资料，有人用订书钉装订，有人用回形针别好后配发，还有人完全不装订就配发，会议不同，装订的会议资料也五花八门。

于是，我把部门的所有员工都召集起来开会，对复印好的会议资料的整理方法重新做了培训和说明。为了避免缺页，要求大家对每一份资料都要确认页码编号，然后再用订书钉把会议资料装订好。

我举这样的例子，可能有人会认为是吹毛求疵，但正因为是琐碎的事，阿米巴长才必须告知大家为什么要这么做。这是因为，一项完美的工作是由许多没有疏漏的、认真细致的工作积累而成的。

即使是会议准备这一件事，阿米巴长也必须从预先如何打扫房间到桌子的摆放方法、复印资料的整理方法等，一件一件地耐心地对下属进行指导。让大家认真仔细地工作，是为了下属的进步。有道是细节决定成败，对细微之处都能用心的下属，无论走到哪里都会得到称赞。就像接受过严格的礼仪教育的孩子，长大以后会获得更高的评价一样。

但是，下属往往对这些事情满不在乎。可能有人会觉得

“领导总是这么唠叨”，然后不情不愿地去做，但不能因此就迎合下属，放松指导。必须让员工说：“那位领导虽然爱唠叨，又严厉，但总是教我们正确地做事……”

阿米巴长的工作是取得下属的信任，但信任不同于喜欢。一名好的阿米巴长，由于指导下属时非常严厉，常常让下属觉得害怕。稻盛先生说：“小善乃大恶，大善似无情”，员工害怕也好，疏远也罢，作为阿米巴长来说，该说的话是一定要说的。

当然，阿米巴长也是普通人，从心底也不想被下属讨厌。假如被下属喜欢，还能因此取得业绩，那当然没有问题，但现实中往往难以做到。当部下想钻空子或有所懈怠时，还是需要严厉斥责的。

每天检查业务的进度情况

了解下属工作进展情况的有效方法之一是，在每天的早会和夕会上确认工作进度。这时，哪怕下属觉得厌烦，也必须过问每个细节。

仅仅是确认、了解了，还远远不够。如果员工汇报的工作和自己心目中的理想做法不同，则必须指出来，向好的方向引导，因为这是阿米巴长的工作。

如果下属的做法不好，可以对他说：“你的做法和我的方针不一样。照我平时说的那样去做。”如果下属蛮干，则必须提醒他：“这么重要的事情怎么能擅自做主呢？下次必须提前汇报并得到我的许可。”

这是因为部门里发生的所有事情的责任都是由阿米巴长来承担的。不能用“不知道”来做借口。就算不知道，下属的过失也必须由阿米巴长来承担。

既然如此，最好还是从一开始就全面掌握部门的所有工作。如果明明知道有问题却放任问题的话，这明显是阿米巴长的责任。即使是在阿米巴长不知情的情况下犯下的错误，其后果也仍然是由没有尽到了解义务的阿米巴长承担责任。

再重复一次，阿米巴长要全面掌握部门里的所有业务。而且，必须意识到，无论多么琐碎的事情，都必须在阿米巴长的批准下进行。

全面掌握本部门发出的信息

阿米巴长不但要掌握部门的所有业务，而且还必须掌握部门里的所有信息。

举个例子，以前我当阿米巴长时，下属曾请其他部门的员工协助完成一项业务。这项业务本身虽然很简单，但下属没有向作为阿米巴长的我做任何汇报，便擅自行动了。结果造成了一点麻烦。

事情是这样的。对方部门的阿米巴长问我：“森田君，上次你们部门请求我们帮助完成某项工作一事，你知道吗？”我回答：“不知道。”于是对方惊呆了，他说：“你是阿米巴长，却不知道下属的行动？没有尽到领导的管理责任吧！”这件事使他认为，我们部门执行担当好像是擅自行动，不可信任。

我清楚地知道下属并没有恶意。他可能太想尽快完成工作，所以一不留神在请求外援的时候忘了向我汇报，或者想事后一并汇报。但是，即便没有恶意，只要没有做好“汇报、联络、商量”，就会影响整个部门“科”的信誉。

于是，我召集部门的全体员工，做了以下训话：

“我知道大家都在努力工作，也理解大家的心情。如果在工作当中每件事情都一一地向我汇报或商量，需要花很多时间，而且，自己可以独立判断的事情，不想向领导汇报，自己就想决策的心情也可以理解。我不禁止大家在工作上需要帮助的时候委托其他部门协助帮忙，但在委托之前，请事先和我打个招呼。如果是在相同部门、相同‘科’内的话，相互请求、相互协作是可以的。但与其他部门沟通之前，请务必事先和我商量。否则，我会被大家指责的。大家会认为我们部门失控了。如果被别人这样看待的话，其他部门的公司领导对我们部门评价就会降低。如果这种状况持续下去的话，你们的工作会越来越难做。那就不好办了。所以，不管你们认为有多麻烦，如果要向其他部门发信息或请求协助的话，请一定要先向我汇报、和我商量。”

大家都露出赞同的表情，听我说完以后异口同声地回答“知道了”。从那以后，我部门所有发往外部的传真都由我确认以后再发出去。当时还没有电子邮件，所以都用传真。如果是现在，我一定会指示部下在向外部写邮件时，要把信件内容抄送即 CC（Carbon Copy）给我。

那么，你是否掌握了下属发给客户的所有邮件呢？下属是否一定通过CC或BCC（密件抄送）知会信息给你了呢？在隐私被频繁提及的今天，即使是工作邮件，也有许多员工不想让上司看到。

但是，由于工作邮件不是私人信件，业务上邮件又是必不可少的，所以一定要对下属规定邮件必须通过CC进行汇报的义务。哪怕遭到下属的讨厌，该说的话也必须说。

从是否掌握部门信息一事，就能看出阿米巴长的本事。虽然掌握本部门的所有信息很难，但可以说，只有做到了这点，才能真正得到下属对领导者的认可。

“把细节交给下属”的做法是错误的

阿米巴长必须掌握部门里的所有业务，我这样说，可能有人会产生疑问，工作细节是不是可以交给下属呢？答案是否定的。

第一，如果阿米巴长不关注细节，下属也会效仿，不再关注细节。过去很仔细地关闭电脑电源、对零部件认真管理以防丢失的下属，发现阿米巴长对这些事情毫不在意，他（她）也会变得越来越大意。这是因为下属会朝着阿米巴长前进的方向前进。只有上司注重细节，下属才会关注细节。

第二，通常来说，地位越高就越会脱离现场工作，所以如果自己不主动参与的话，现场感会非常淡薄。而且，越脱离现场，就越难对现场的工作做出准确的判断和指示。这样就会变成把工作完全交给下属，无法履行阿米巴长的职责了。阿米巴长要想做出准确的判断并对下属做出指示，必须坚持关注细节。

第三，无论多么琐碎的事，经常认真地去关注，对事物的感觉会越来越准确，慢慢地就能做出准确的判断。如果因为问题很琐碎就敷衍了事，那么当发生大问题时，也无法做出准确的判断。对待任何事情，都需要在平时养成认真思考的习惯。

稻盛先生用“有意注意”这个词来表达这个意思。这个词语原本是明治时代的思想家中村天风先生提出的。“有意注意”的意思是“有意识地加以注意”。稻盛先生告诉我们，要用“有意注意”的态度对待所有事情，这点非常重要。

《京瓷哲学手册》上也写着下面的内容：

我们在任何时候、任何环境下，无论发生任何小事情，都必须全神贯注、专心致志。乍看很难做到，但是如果在日常生活中有意识地坚持下去的话，这种“有意注意”就会形成习惯。这样一来，在各种情况下都能全神贯注地观察事物，不管出现什么问题，都能马上抓住问题的核心并加以解决。

正如这段话所说的那样，稻盛先生的确非常注重细节。例如：他要求在每年举办的京瓷集团周年纪念庆典上，给员工的盒饭必须选择美味的盒饭。他并不认为所有种类的盒饭都是美味的，所以，选择美味的盒饭来回报辛苦前来参加庆典的员工才是最重要的。而且，他还说，盒饭是否美味，会让员工对周年庆典有不一样的印象。

此外，他还要求，只要没有特殊理由，就要给所有员工提供相同的盒饭。如果只给稻盛先生准备特别昂贵的盒饭，便会受到严厉的批评。因为他认为，和员工吃一样的盒饭是天经地义的事情。

有一次，稻盛总经理在京瓷九州鹿儿岛工厂周年庆典结束后，慰问厂长时说道："今天的盒饭相当不错。"厂长答道："谢谢总经理的夸奖。"但接下来稻盛总经理的问题他就答不出来了。稻盛先生问的是："这个盒饭一盒多少钱呢？"

"这个……完全交给下属去办了，我不清楚。"厂长答道。听了这话以后，稻盛总经理火冒三丈："你连自己工厂给员工吃的盒饭的价格都不知道吗？作为领导，你应该关心给员工吃什么样的盒饭，也该关心花了多少费用。怎么能把这事完全交给下属，自己不闻不问呢？"

也许有人认为，盒饭价格这样的小事无关紧要。但是，假如盒饭价格比去年提高了100日元，如果配发给5,000名员工，成本就会增加50万日元。如果有1万名员工，就是100万日元。所以必须知道，要想提供大家满意的盒饭，究竟需要花多少钱。

具体选什么样的盒饭可以交给下属去做，但试吃选好的盒饭、了解价格、做出批示，则是上司的职责。此外，还必须关注如何配发盒饭，以及吃完盒饭后怎样收拾垃圾等细节问题。

担任阿米巴长后，请务必培养起对任何事都认真思考"有意注意"的意识。正因为领导会认真思考细枝末节的事情，下属才会关注细节，才不会在工作中犯错。

阿米巴长心得 12 条　第 5 条

把“作为人，何谓正确？”作为判断标准

——重要的是能从理论上解释为何做出这样的判断

阿米巴长的立场是接受下属的汇报和请示，做出答复和指示。作为被委派到现场的管理者，阿米巴长必须具有自行承担责任和当机立断的勇气。

阿米巴长首先要树立属于自己的信念——“我是这样想的”，然后根据这个信念做出判断。不能陷入先例主义，应该按照自己的信念做出决策。

做出的每一项判断，都必须能得到部门员工、上司、客户及社会的认可。不可做撒谎、欺骗、窃取他人财物等卑鄙行为。掌握了这种基于人类最基本的原理、原则制定的判断标准，再加上合乎逻辑的说服力，就构成了可在现场使用的判断能力。

稻盛先生说：“经营在现场，现场有神灵。”只有现场存在能勇敢做出决策并执行的管理者时，才是一个强有力的现场。

阿米巴长讲没有道理的话，下属不会追随

担任阿米巴长后，平时会在各种场合被下属要求做出判断。这时如果说出“信息不充分无法做出决策”“交给你判断吧”“稍等，我请教一下部长再说”这样的话，就会失去下属的信赖。

阿米巴长作为现场的领导，必须对下属的请示迅速做出反应。而且，为了不使现场工作停滞，还要立刻做出决策。

立刻做出决策可能无法做到100%判断正确，可能存在上司部长看来决策不合理的地方。即使这样也没有关系，但至少作为管理者的阿米巴长必须认为判断是正确的。重要的是，告诉下属，“我认为这样做是正确的”。不能说“你能赞同我的看法吗”，要说“我认为这么做是对的，所以就这么决策”，这才是真正的领导者。

要做到这样，必须树立起自己的信念，提高自身的判断能力。而且，还必须能合乎逻辑地对所做的判断做出说明。

能够很好地说明“为什么要这么做”“我这么做的理由是这样的，我认为这么做比较好，所以这么做了”，这点非常重要。出于“以前就是这么做的”这个理由做出的判断，并不是真正的答案。即使决定了按照以前的方法去做，也要自己能很清楚地说明为什么这么做是正确的。

即便如此，有时还是会做出错误的判断。这时，如果是因为当时认为这是最正确的方法而做出的判断，那么只要老老实实地改正错误就可以了。

除此以外，我还要告诉读者在做出正确判断并执行的过程

中，下面五个方面是比较重要的。

根据原理原则做出判断

阿米巴长每天都要做出各种判断。其中大多数可以通过工作方面的知识或过去的经验得出答案，但有时也需要对没有先例的难题做出决策。

这时，请依照“作为人，何谓正确”的原理原则来思考问题。

“作为人，何谓正确”的原理原则是指“不盗窃他人财物”“不撒谎”“不骗人”这 3 条。其他当然还有遵守承诺、不欺凌弱小等多项内容，但最基本的就是这 3 条。

关于这些原理、原则，有人说“就像家长教育孩子一样”。的确如此，这些都是每一个人从孩提时代起便被家长和学校老师教授的内容。在京瓷集团，我们会反复教给员工这些内容。这是因为，虽然大家都知道这些是天经地义的道理，但实际到了紧急关头，并不容易做到秉持信念去执行。

“根据原理原则做出判断”，概括来说就是做出正确的判断。

关于“何谓正确”，其实就是社会上通用的正确的东西。在企业待久了，会不知不觉按照企业伦理来思考。有时候对该企业来说是正确的，但在外人看来，有许多难以理解的东西。在日本也多次发生一些事件，甚至成为社会问题，企业不得不召开致歉会。遗憾的是，不少事件是由不符合常识的企业伦理造成的，因此在举办致歉会时，有时会遭到更多的指责。

在公司里再怎么强调企业伦理，毕竟范围有限，因为如果在公司外站不住脚的话，也会失去下属的信赖。因此，我认为，“在公司里是正确的东西，拿到外面也必须是正确的，否则是不行的”。

此外，“根据原理原则做出判断”在公司里也很重要，这点毋庸置疑。关于这个问题，在京瓷工作时发生的一件事情，让我至今记忆犹新。

那是我加入京瓷第一年发生的事。当时，我在仓库负责退货。如果客户订制的产品被退货，营销部门会附上退货单退还给工厂。我部门接到退货后，根据相关手续处理后再退还给制造部门。经过这样的处理，制造部门相关退货的生产实绩就会被核销，该月的生产实绩就会下降，因此，制造部门的负责人会以各种理由拒绝接收退货。但我总会竭力说服，按公司规定进行处理。

有一次我按公司规定处理一批订单生产的产品退货。退货部门的阿米巴长这么说：“知道了，森田君，就按你说的手续办理退货吧。但这个月先等等。如果因为这批退货导致本月实绩低于100万日元的话，我们部门就不能完成月度计划了，那么部门员工的士气就会下降。你也认同员工士气对工作产出是非常重要的吧？拜托下个月再处理这批退货，这个月先等等。”

我说：“知道了，那就等1个月吧！”先配合制造部门完成了目标。可是到了下一个月的月底，他又对我说了相同的话。“哎呀！制造部门的领导为了提高现场员工的士气，真是用心良苦啊！”当时我很感动，于是又把退货日期从下个月调整到了下下个月了。

就这样过了几个月，有一次我和同期入职的员工在恳亲会上见到了稻盛总经理。席间，要求每个人介绍一下目前自己在做什么工作。于是，我向大家介绍说："我现在负责退货的工作，但为了不让营销部门和制造部门的士气下降，我为他们把退货日期延期，调整到了下个月。"听了这话以后，当时的稻盛总经理狠狠地批评了我："森田，你是傻瓜吗？你要让我用虚假的士气来经营公司吗？自己部门生产的产品被退货，即使实绩无法 100% 达成，都应该老老实实地接受，努力生产出不会再被退货的产品，才是应有的工作态度。你这样做真是太不像话了。"事后，我认为，稻盛总经理的训话确实有道理，的确是我做错了。

受到稻盛总经理的严厉批评和指导后，我深深地领悟到"根据原理原则做出判断"的重要性。这件事成了我后来工作的基石，如今，我确信像那样根据原理原则做出的判断一定是正确的。我内心充满了对稻盛总经理的感激之情。

迅速做出决策

阿米巴长常常需要对下属上报的提案、课题、问题做出判断，对这些问题，必须迅速进行应对，做出决策。

但是，虽然有这样的要求，阿米巴长本人有时也会感到困惑。当被部下问到"这件事该怎么做"时，勉为其难地答道："这件事太难了，让我想想。"结果呢？发现过了一个星期后自己还没有给部下回答，现实中大家是不是也发生这样的事情呢？

我认为，“阿米巴长至少必须在半天以内做出决策。如果可能的话，必须当机立断。对于自己确实无法做出判断的事情，要和部长商量，但也不要超过1天”。否则，可能连下属曾经请示过这件事本身都会忘记。下属的请示和邮件一样，如果没有在收到时马上做出答复，随着新的事情越积越多，便会忙得顾不过来，结果容易不了了之。

发生过一次这样的事情后，下属会怎么说呢？

起初可能大家会说：“我向领导请示了，还没有得到答复。”不久大家会说：“向我们部门的领导请示问题，他却保持沉默。”到了最后，部下就会说：“我们部门的领导什么都不懂，不要向他请示，向他请教也无用。”这样一来，今后阿米巴长便再也收不到下属的汇报或联络。如果变成这样的话，这个阿米巴长是失职的。所以，阿米巴长必须按照自己的判断标准，马上做出答复。

犹豫不决的时候，选择不太轻松的方法

关于执行方法，必须多想几种，逐一进行讨论后做出决定。

常常有下属说“只有这个办法了”，没有比这更可怕的话了。阿米巴长听到“只有这个办法”时，应马上让下属回去再去想办法，并对他说：“方法应该有许多种。再想一些办法来。”至少要让部下想出2～3种方法。这是阿米巴长的重要职责。

在此基础上作出判断时，要明白一点：不能有钻空子的想法，也不存在轻轻松松就能赚钱的方法。

稻盛先生经常说："你们总是选择轻松的方法，这样不对。不知道该怎么办时，就选择困难的方法。"困难的意思是完成方法很难，但事实上根本没有又简单又好的事情。开拓新事业时，有"高风险、高回报"的说法，却没有"低风险、高回报"的说法。如果简简单单就能做成的新事业，大家一窝蜂都去做了，那么这项事业自然也难于赚钱。这个道理必须明白。只有做到别人都觉得难做的事情，才有可能获得先行者利益。

即使真有"轻轻松松就可以赚钱"的方法，那这种方法很快就会被别人模仿，所以无法长期保持竞争力。但如果是困难的方法，他人无法轻易模仿，如果取得了成功，就可以长期保持垄断。

而且，只有选择了"不太轻松的方法"，才能在完成工作时让参与的下属获得成长。

如何挑战高目标

评价阿米巴长时，很重要的一条就是"如何挑战高目标"。此外，"是不是能提出远大目标的阿米巴长"也是重要的评价指标。

只有采用他人做不到的新方法、新做法，才能取得最好的成果。例如，把 10 个人的工作让 2 个人去做的方法。如果能做到的话，工作效率将提高 5 倍，就能打造出不输于任何企业的竞争力，而能够找到这种方法的人就是一线的阿米巴长。现场有许多可以取得成果的方法，阿米巴长一定要以现场为中心，努力开动脑筋。

如何挑战高目标呢？这取决于阿米巴长的决策，决策的结果还会使工作环境发生变化。

做出决策后要勇敢去执行

虽然做出了正确的判断，但如果没有执行力和说服力，就没有任何意义。说服力就是行动力。也就是说，在正确判断的基础上，再加上切实的执行力，才能取得可喜的成果。

做出决策后就要勇敢地去执行。这时不能被下属的言语所左右。当然，在决策之前对下属进行说明、听取下属的意见非常重要。但作为阿米巴长，已做出决策的事情必须付诸行动。

阿米巴长的执行力在于管理持有不同意见的下属，使他们向同一个方向努力。无论判断多么正确，如果没有执行力来保障，是不可能转化为成果的。

关于“勇敢去执行”这个话题，我来介绍一下自己的经验。这也是我加入京瓷第二年，即 1968 年发生的事。

当时，我在京瓷负责仓库管理工作，对产品出厂及制造部门的生产实绩进行管理。

那时，京瓷的各制造部门已开始每月制订月度计划（京瓷专业用语叫作“预定”），并努力去达成。所以，出于“无论如何都要完成月度计划”的强烈愿望，总是有些部门不遵守我们规定的入库期限，这已成为一个问题。

当时，每月制造部门的生产实绩的截止日期是下个月第一个工作日的早上8点。按照规定，只要在此之前入库到管理仓库，就能赶上当天的发货，可以算作上个月最后一天的业绩。此外，为了准确统计销售额和生产实绩，还规定产品在仓库交接后，根据集齐对应的生产入库单据，开始统计生产实绩；并根据集齐已发货的发货单，统计营销部门的销售额。

制造部门常常在生产实绩的截止日期的前一天彻夜生产，赶在截止时间到来之前运到仓库进行入库，有时候晚点也是常态。而且，我们为了便于统计当月的生产实绩也努力收集入库单等单据，这样一来，有时会发生入库单的生产单据已经提交，但是，待到发货时却发现仓库里没有相关产品而到处寻找的情况。评价制造部门生产实绩的依据是当月的产量，所以即使生产的产品因为生产时间差一点赶不上生产实绩的截止日期也希望打个擦边球，能通融计入当月生产实绩。仓库的员工们也都了解这种生产状况，而且如果碰上比自己年长的生产部门的负责人前来说情，往往很难拒绝。

那是在我被分配到仓库部门工作不久后发生的事。像往常一样，月初第一个工作日早上8点，也就是上月生产实绩截止时间过后，营销部门负责人打来电话，核对当日要发货的产品。他问我说："客户要的产品生产好了吗？"我确认完入库单的生产单据以后回答说："准备好了。"对方说："那好，我这就和客户联系，给他送过去"，然后便挂了电话。我回答完营销部门的电话后，就在仓库里寻找，打算做发货准备，可是我找了半天也没有找到相关产品，急忙去制造部门询问理由，结果对方解释说："这批产品的生产完工时间会推迟一些，我们先把入库单的生产单据交过去了。现在该产品还在烘干机里，大约10点半可以交付。请再等等。"我想了一想，虽然滞后生产实绩两个半小时，但是只要能赶上11点发货的班车，就算遵守和营业部门之间的约定，因此我同意了产品推迟入库的请求。可是时间到了11点，该产品还是没有送来入库。于是我再次去制造部门确认，对方的答复是："该产品虽然完成了，可是由于质量方面不合格，所以今天发不了货……"我一听着急了，马上把实际情况反馈给刚才的营销负责人。

营销负责人盛怒之下，气势汹汹地指责我说："森田君，因为你说该产品已经生产好了，所以我才和客户说'今天给您送过去'。现在怎么收场呢？"我被他狠狠地批评了一顿。

我反复道歉，总算得到了对方的谅解，但在心里却觉得这种现象非常奇怪：明明有入库单的生产单据却没有产品实物，可是生产实绩却被统计了。而且，还给客户带去很大的麻烦。今天的这种事情恐怕不是第一次发生，应该已经发生过好多次了吧。

于是，为了改变现状，第二个月，我在月初就发出通知规定各个制造部门必须遵守工厂月度生产实绩的截止时间，而且，还特别声明如果只拿来入库单据却没有产品实物的话，仓库不接收单据。考虑到尽管发了通知，但长期形成的习惯不可能一下子改正，甚至可能会产生混乱，所以我事先向各制造部门的部长做了说明，而且快到月底时，几乎每个星期都到各个生产部门嘱咐一次。

有趣的是，每当我说“下个月1日，仓库将在早上8点整准时关门。没有产品的话，不接收入库单的生产单据”时，大家的回答是“必须那样，你不用特地跑过来一一叮嘱”“我们知道了，不用担心”。

于是，到了下个月的第一个工作日，我一大早就在仓库里等着，8点一到，就从里面关门上锁。像往常一样推迟把产品送来的制造部门的人，喊着“开门”，咚咚地敲着门，由于我坚守原则没有开门，后来他们终于放弃，人回去了，却把产品放在门口，仓库前面的走廊里堆满了成品的纸箱。结果造成了很大的混乱。即使这样，我也没有打开仓库，而是让女下属们继续统计生产单据。

公司内部一片哗然。由于没能赶上截止时间的大批产品没有反映到当月的生产实绩中，制造部门当月的预定达成率大幅度下降。据说，一线制造部门的阿米巴长哭着请求上司想想办法，但事先已接到我的说明、了解情况的部长，无法对我做出任何抱怨。包括董事在内，没有任何人到我这里来兴师问罪。但是，有一位董事看不下去了，去和总经理稻盛先生商量，结果，我被稻盛先生叫了过去。

他对我说：“森田君，你做得对。想必大家也都知道了，可以从下个月开始再这样做。这个月看在我的面子上，就再宽限一次吧。”于是，我把推迟入库的产品加上，重新统计了上个月的生产实绩。

从这件事以后，京瓷制造部门对遵守月度生产实绩的截止时间的意识大大增强，大家都开始遵守时间。这个事例听上去有些自夸的味道，但通过这个事例，我想说的是，无论是谁说了什么，重要的是按照自己认为对的去做。如果真是为公司着想，就不要害怕摩擦，勇敢去做。我认为这点对于阿米巴长也很重要。

但在我下定决心对误了实际截止时间的产品进行单据统计之前，曾对女下属说，“这对公司来说，是一次意义重大的改革，我想好要做这件事，因此无论谁命令我重新计算，我都不会答应，只有总经理做出指示，我才会重新计算。到那时候，大家能帮我重新计算吗？”必须征得部下的同意和协力。因为下属无论如何都会被卷进来，所以提前告知下属统一方向是非常重要的。

做正确的事情时，正因为这个行动是正确的，所以需要提前做好准备工作，以便取得满意的成果。

第四章

领导力

——让下属达成目标的阿米巴长心得

阿米巴长心得 12 条　第 6 条

把团队力量发挥到极致

——统一方向

部门员工的想法每天都在发生变化。虽然员工都非常想为部门“科”做贡献，有时却是完全不同的想法。把这些易变的想法汇集起来，就构成了部门“科”这个团队的形态，阿米巴长必须努力把这些拥有不同想法的部门员工的方向统一起来。

这里的方向包括力的大小和方向性。可以说，能力强、有热情的员工具有巨大的“力”。但是，如果想为部门“科”做贡献的“方向性”不统一，那么部门员工的单力所形成的合力，也由于力量发散无法促进目标的达成。阿米巴长必须主动与部门员工沟通，把大家统一到达成目标的方向上来。

通过统一部门员工的思想和行动方向，可以把团队力量发挥到极致。

汇聚团队成员的力量

阿米巴长最大的职责是把部门成员的力量凝聚到一个方向上，来完成重要工作，取得丰硕的成果。

在京瓷，这种职责用“统一矢量（方向）”来表达。矢量是初中理科和高中数学学习的概念，表示力的大小和方向性。

如图 4–1 所示，读者可能会想起，箭头长度代表力的大小，箭头方向代表力的方向。当存在 2 个箭头时，以这 2 个箭头为边构成的平行四边形的对角线，就是这 2 个矢量的合力。无论每一个力有多大，如果方向不同，形成的合力所发挥的作用也会变小。

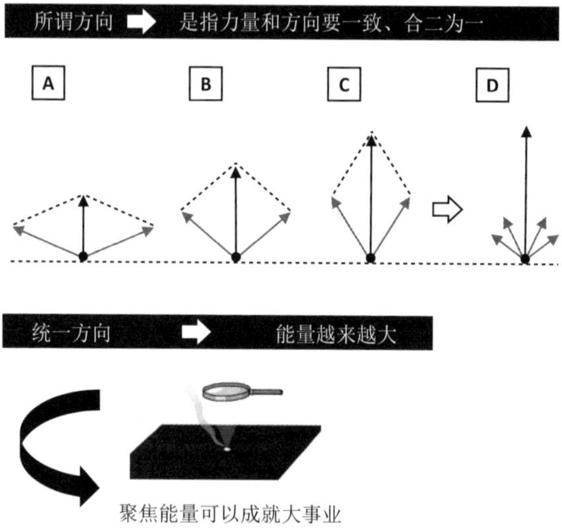

图 4–1　统一方向

从图 4-1 的 A、B、C 可以发现，2 个力方向越靠近，合力就越大。

另外，存在 2 个以上箭头时，也可以求出这些矢量的合力。这时，如果每个矢量都向着同一个方向，该方向上形成的力就很大。如图 4-1 所示，具有相同方向的多个矢量汇聚起来，其合力是相当大的。

请把这里的每个矢量看作部门“科”或阿米巴的成员。如果所有人的方向都相同，那么就能发挥出巨大的合力，否则，只能发挥出小于所有力量总和的合力。也就是说，要想发挥出巨大的合力，必须统一部门全体员工的行动方向。这就称为“统一矢量（方向）”。所以，做到部门全体员工都“统一矢量（方向），利出一孔”也是阿米巴长的一大职责。

人生方程式

人生·工作的结果＝思维方式×热情×能力

稻盛和夫

矢量（方向）的力量（要素）

力量的大小（热情·能力）	0 ≤热情·能力≤ 100（最高分按 100 分，最低分按 0 分来计算） ·个体的力量因人而异 ·能力大的个体会强烈地影响团队的力量
方向（思维方式）	-100 ≤热思维方式≤ 100（最高分按 100 分，最低分按 -100 分来计算） ·个体的力量即使相同，如果团队的方向不一致的话，合力也会变化，也就是说，统一方向非常重要

图 4-2　人生成功方程式

40 年前我加入京瓷公司时，商业领域几乎没有人使用“矢量(方向)”这个词。但近年来却常常提到“统一方向”的说法。我认为这个词是由稻盛先生普及的。

矢量的要素是指力的大小和方向性，但这两个要素具有不同的特点。

稻盛先生用“人生方程式”来说明这个问题。“人生·工作的结果”是用“思维方式 × 热情 × 能力”来表示的。特别重要的是，这个人生方程式并不是 3 个要素的加法运算，而是乘法运算。

首先是“力的大小”，由该人的能力和热情决定。而且，如果把最高分设定为 100 分，热情和能力可以从 0 分到 100 分来表示。

与生俱来的天赋加上后天的努力，造成人的能力千差万别。但是，即使能力较差，只要拥有不服输的热情，也能发挥出无比巨大的力量。这就是“力的大小”。

例如，假设有 A 和 B 两个人。A 非常聪明，有才能，能力值为 90 分。但是，A 对自己的能力太过自信，并不努力工作，热情只能打 40 分，90 分乘以 40 分，结果是 3,600 分。而 B 能力只有 60 分，属于中等，但对工作充满热情、非常认真。从早到晚都在想怎样把自己的工作做得更好。周围的人被其努力所感动，评价为 80 分。结果 60 分乘以 80 分等于 4,800 分。A 和 B 相对比，B 的得分更高。

此外，还有一个“思维方式”要素。“思维方式”不是从 0

分到 100 分，而是从 -100 分到 +100 分。带有负面思维方式的人总是持否定态度，而且只会批判性地思考，这种人的思维方式就是负数。而常常用积极明快的、正确的思维方式去思考问题的人，则是正向思考的人，他的“思维方式”就是正数。

其实，在上述方程式中，“思维方式”最为重要。“力量大”即能力和热情都很高的人，如果思维方式的方向错了，为负数的话，那么人生和工作的结果就是负数，不但白白浪费了他的先天能力，而且还有可能给组织和社会造成危害。

《京瓷哲学手册》中，对人生方程式做了如下说明：

人生·事业的结果是由思维方式、热情和能力这三个要素的乘积来决定的。

这三者之中，能力和热情，各自可以从 0 分打到 100 分，因为用乘法计算，所以和那些炫耀自己有能力而不努力的人比较，那些觉得自己能力平平，却比任何人都努力的人，反而能取得更大的成果。再乘上“思维方式”。

“思维方式”就是人生的姿态，可以从 -100 分到 +100 分，思维方式不同的话，人生和事业的结果就会有 180 度的转变。

因此在有能力和热情的同时，拥有做人的正确思维方式比什么都重要。

再从团队的力量方面考虑，虽然每个人的力量大小不同，但力量大的人影响更大。我想，在读者所在的组织当中，也是有能力的人被任命为领导或负责人，且他的影响力很大吧。

有能力是指能够胜任工作，工作时间长，经验丰富。此外，也可能是指声音大，能很好地与大家沟通。无论如何，一定是具有某项长处，所以才成为领导。然后，团队便在这名力量很大的领导人的带领下发展。

此外，“思维方式”是因人而异的，向右还是向左，向上还是向下，都可以按照自己的意愿去做。即使领导说“往这边走”，可能也会有人说“不，我偏要往那边走”。正因为如此，阿米巴长作为管理一个组织的人，首先必须发挥领导能力，想办法把部门员工各自的“思维方式”引向同一个方向。

如果部门员工们的思维方式统一，就能合力完成艰巨的工作。但如果员工的思维方式五花八门，无论拥有多少优秀的员工，也不可能取得很好的成果。这是因为公司的工作是一项规模较大的事业，靠的不是个人的力量，而是由团队完成的。

因此，阿米巴长如何团结下属，就变得非常重要。如果阿米巴长的力量足够强大，部门员工自然受到阿米巴长的影响，与阿米巴长保持相同的方向。也就是说，被选为阿米巴长的人，自然具有被公司认可的某种能力。但是，无论领导的个人能力多么出色，如果其思维方式是负面的，那么这个团队便会走向负面，很难取得大的成果。

在日本，曾有一段时间，大家认为过分统一方向和思维方式，组织就会变得像千篇一律的金太郎糖一样，没有意思。事实上这种情况是不会发生的，因为不存在金太郎糖那样强大的组织。

有人把所有员工都说相同话的公司评论为“那个公司没有

个性，没有变化，不懂变通”。可是，情况未必是这样的。即使组织中的每个人都有自己的思维方式，但要做成一件事时，能够团结起来的组织才是最强大的，因为它具有排除其他干扰意见、聚焦团队目标，勇往直前的力量。

这样的组织是无法战胜的。我不是说金太郎糖式的组织是最好的，但我们应该停止对它的批判性看法。能采取一丝不乱的行动是非常了不起的，因为一般人都做不到。体育团体项目就是一样，强队既能发挥每名成员的个性，又能发挥团队的最高水平，是一个团结的整体。可以说，企业的组织运营和体育竞技比赛是一种情况。

因此，领导者必须向下属仔细说明自己经营部门的方针和思维方式，必须说清楚为什么要这么做，因为目的是要统一方向。

统一方向需要管理者的热情

领导者的工作是统一下属的方向，使团队发挥出巨大的力量。要统一方向，必须用语言明确表明要达成的目标。因为只有目标明确，所有人才能朝着相同的方向去努力。

因此，领导者必须向下属明确说明目标，用热情的语言描述自己要做的事情（目标），以及做这件事情的原因，打动员工的心。

例如，可以这样对大家说：“我想做这件事。它需要大家共同努力。请大家理解我的想法。而且，希望你们也这么想。”每个人的想法原本是五花八门的，即使是朝夕相处的亲兄弟也不可能完全一致。在由原本素不相识的人组成的公司里，如果不做任何制度的说明，也没有让大家遵守的游戏规则，大家的方向是不可能一致的。

要统一方向，必须有热情和共鸣。而要唤起共鸣，较为有效的方法有：团队作业、恳亲会（空巴）及研讨会。大家一起度过较长的一段时间，为了同一个目标而共同工作，在反复讨论的基础上得出一个结论，从而产生共鸣，统一方向。

因此，也可以这样经营人心，统一方向："我是这样想的，有这样的经营目标。为实现这个目标，我认为这样做最好。如果大家觉得有不妥之处，请务必提出意见。如果大家没有异议，表示赞成的话，让我们一起来挑战目标吧！"这样也能统一大家的方向。

再重复一次，不做任何努力，是不可能轻轻松松统一团队方向的。出生和成长环境各不相同的人会聚一堂，方向不同是必然的，通过努力使不同方向的员工统一起来，朝着部门的统一方向努力，这正是阿米巴长的工作。

下属的方向是经常变化的

经过阿米巴长的努力和热情的召唤，人们往往觉得团队的方向已经统一。事实上虽然有时候看上去方向统一了，但并不总是保持一致。这是因为人的思想是不固定的，总在不断地发生变化。

例如，有一天，某阿米巴长对作为下属的我说："森田君，你帮了我的大忙，谢谢你。"被领导这么一表扬，我自然感到高兴，心里想的是"谢谢领导。愿听您任何指示"；可到了第二天，却无端遭到领导的怀疑，他突然对我说："森田君，这件事是怎么回事？太不正常了吧！"于是，我心里就会想："什么？我这么忠心耿耿地拼命工作，还要受到领导的怀疑？阿米巴长这家伙说的话还能听吗？"如此一来，员工和部门阿米巴长的方向就不一致了。

另外，员工听了上司的讲话或读了励志书籍以后深受鼓舞，从而产生了"从明天开始洗心革面，努力工作"的想法。而真到了第二天，他已完全忘记了当时的激动心情，仍然以和平时一样的工作状态投入工作。

此外，团队的方向每天，甚至每时都在发生变化。例如，假设本周有一件必须完成，否则就赶不上交货期的工作。为此，阿米巴长特意对大家说："请大家务必努力完成。"可是，某位员工在去上班前，因孩子教育问题与妻子产生了口角。他虽然在说完"没时间了，我走了"之后，便出了家门，但脑子里想的还是"回家以后必须和妻子好好聊一下""我太太怎么总是说不明白呢"等问题。等这个员工到了公司以后怎么可能马上把心情切换为"响应阿米巴长的号召，我们一定努力以实现本周完成交货期的目标"呢？因为他心不在焉，所以工作效率有可能降低，也有可能生产出次品造成质量下降。这种情况是不可避免的。这时他想的肯定不是"本周内必须完成工作"，因此导致阿米巴长和员工处于方向不一致的状态。

人们在日常生活中需要关注的事情很多。如果孩子生病了，虽然已经吩咐妻子带小孩去医院，但心里还是会担心："孩子没事吧！"这是人之常情。有道是可怜天下父母心，世上没有不担心孩子的父母。

重要的是，能否在这种时刻，把担心转换为"孩子一定会没事的，我午休的时候打个电话问问，目前还是专注于工作吧"的想法。如果不能自觉地转换心情，而是一直念念不忘的话，就无法把工作做到完美。

在昨天"必须为实现目标而努力"的心态下工作，和在今天"担心孩子却没有办法"的心态中工作，结果会一样吗？答案显而易见。这时起重要作用的就是上司，取决于上司如何开口鼓励。可能因为听了上司一句鼓舞人心的话，员工就能迅速回到工作的状态。

当然，任何人都有自己的私生活，所以无法做到100%方向一致。但阿米巴长的任务是努力把团队努力的方向尽量统一到一个方向上。因此，阿米巴长必须经常观察下属的方向，并不断向好的方向引导。

为此，阿米巴长每天都要仔细观察下属的状态，并打个招呼，这点非常重要。因记挂个人私事而耽误工作的下属，其实并没有恶意。他明明心里知道应该集中精力工作，但总是无意识地走神。这时，如果阿米巴长能够关心他一下，他往往能马上回过神来立刻回到工作状态。

人类是受感情支配的软弱生物。因纠结某事而烦恼或闷闷不乐时，就会变得软弱，觉得自己是世界上唯一陷入悲惨境地的最不幸的人。这时如果对他表示关心，问一句：“怎么了？脸色很差呀！”即使他不说什么，心里也是非常感激的。可能因此就回到了原来的方向。

所以，阿米巴长必须经常观察下属，不放过任何一点变化。

例如，每天早上到公司以后互相打招呼说：“早上好。”这时要留意员工的气色和回答。如果发现某位员工不在状态，马上就关心地问一句“喂，×× 君，你没事吧”。这样，对方的回答可能是“没事的，谢谢领导关心”。通过这样简单的一问一答，员工可能马上就能恢复状态，员工的方向因此而大大不同。

阿米巴长必须清楚的是，部门的方向是经常发生变化的。不能因为之前的情况都不错，就能肯定本周的方向也一致。因为阿米巴长不可能观察到下属的全部生活，所以不知道发生了什么情况，所以必须经常和下属沟通。

情绪和想法对方向的影响非常大。领导者必须对此加以管理控制。在员工发生任何事情时，阿米巴长都要施以援手，助其恢复原状。如果发生了严重的事情，应对他说：“好了，你今天先回去吧。”这样的话，他的行动方向马上就能调整回来。他会想：“领导这么为我考虑，我一定要努力工作来回报他。”有了这样的想法，第二天他或许就能完成两倍的工作。

人类群体的能量（合力）不是简单的物理数字的相加。不是 3 个人就能完成 3 倍的工作。虽然在计算上是 1 人能生产 10 个，3 人可以生产 30 个，但现实中往往并不是这样。

以方向问题为例，有时 1+1 不等于 2，会等于 3 或 5。希望读者能明白这一点。

了解对方的心情，易于统一部门员工的方向。阿米巴长必须知道，这样才能迅速改变下属的方向。不能因为某一天大家的想法都统一了，就认为第二天大家的方向还是一样的。因为每个人的情绪和想法都是容易发生变化的，所以方向不可能总是保持一致。

阿米巴长应经常对团队整体的方向进行确认，如果有动摇，必须找出导致动摇的员工，使其恢复原来的方向。此外，当部门内部发生争端、团队方向有所动摇的时候，阿米巴长要及时介入，帮助修复关系、提高心性，拓展经营。

与下属建立信任关系，需要有交谈和互助的契机

长期在一起工作，就会相互了解彼此的脾气秉性，团队方向就容易一致。反过来说，要想统一方向，就需要一定的时间。要做到“通过表情就能看出对方的心理”“这么对他说的话，他一定能够理解”，重要的是平时多做交流，了解对方的想法。所以，平时统一大家的想法，凝聚巨大的能量，是非常重要的。

增强团队的能量，就是要做到以上这些事项，尽量使团队成员方向一致。也就是使大家的目标保持一致。阿米巴长如果说完“这个月我们要 100% 完成计划”之后，有的下属心里却在想，“100% 完成？领导总是制订不切实际的计划，他的话真是不可信”。如果员工有这样的想法的话，那么就不会全力以赴地投入工作，就会缺少激情和干劲，当然也就无法完成部门的计划。

如果还有员工说“我们的领导爱出风头，向上司承诺了不可能完成的目标，真是岂有此理！”，那么这个目标也是无法达成的。

像这样人心不齐的话很容易出问题。因此，说服大家，统一大家的想法，统一方向是非常重要的。那么由谁来做这样的努力呢？当然是作为该部门领导的阿米巴长，此外别无他人。

特别是新上任的阿米巴长非常辛苦。首先必须从与下属建立信赖关系开始。因为只要建立起信赖关系，团队的方向就容易统一了。可建立信赖关系非一朝一夕之功，需要在长期共同工作中相互了解工作情况，发生问题时帮助下属解决问题。此外，还要通过定期举办恳亲会（空巴）等活动敞开心扉进行交流，不断加强沟通，增进相互之间的了解，才能建立起牢固的信赖关系。

如果能够做到：通过表情就能看出对方的感受，知道说什么能让对方接受，以及怎样谈话能获得对方的理解，那么统一方向就变得简单多了。

阿米巴长在日常工作中必须努力统一部门员工的方向，最大限度地发挥团队的力量。虽然统一大家的想法并非易事，但如果阿米巴长不去做的话，谁也不会帮他做的。阿米巴长需要自己创造交流的机会。

把团队力量发挥到极致

我认为，要做到“把团队力量发挥到极致”，阿米巴长需要做3件重要的事。

第一件事是“密切留意团队成员的方向是否一致”。这一点应在日常工作中每天进行确认。

例如，部门有10名下属，即使只有一人我行我素，不太听从指挥，也不能算是方向统一。

假设10名下属中，只有一人格格不入。应该怎样对待这个人呢？如果认为“那个人说什么都不听，不要管他了。其他9人一起努力吧”，就像足球比赛中有一人缺席的队伍，果真能取得胜利吗？

而且，同一团队中有一个孤立的人，无论其他9人多么团结，都会被那个人分散精力，方向也容易乱。

以足球运动为例，如果有一名队员虽然和大家同在一个球场上，却丝毫不理会足球，无所事事，团队就不能维持正常的协作，很难取得比赛的胜利。这样，方向不统一的一个人就拖了其他部门人员的后腿，因此阿米巴长必须承担起责任，采取一定的措施。

这时阿米巴长应该怎么做呢？

第一件事是必须叫来这位员工，两人推心置腹地谈一次话，用热情的语言表明自己想让团队获胜需要统一方向的强烈决心，请对方配合。如果这样还是无法改变对方的想法，那就践行稻盛先生“大善似无情”的教导，横下一条心对他说下面的话：

“如果我们部门的团队在方向不统一的状态中持续下去的话，就无法在工作上取得优异成绩。因此，在为团队制定方向的我和不愿服从的你之间必须有一个人离开这个团队。遗憾的是，现在的团队负责人是我，所以请你离开这个团队。我会为你在公司物色其他工作岗位，你有什么需求和愿望的话，请提出来。”

为什么必须这么做呢？因为阿米巴长作为团队管理者，负有达成部门远大目标的责任。因此，必须做到统一团队所有成员的方向。

第二件事是不能为了统一方向而做出妥协，必须把大家的方向统一到远大目标上。

妥协是指用较低的目标来统一方向，这样做是不对的。必须把大家的方向统一到远大目标上。做到这点很难。做轻松的事，方向很容易就得到统一；而挑战困难的事时，取决于团队成员的方向是否统一。这种差异就是团队的实力，也是核心竞争力之一。

假如阿米巴长经过妥协制定出较低的目标，团队成员的方向虽然容易统一，但这是没有意义的。阿米巴长应该坚持，努力把部门全体员工的努力方向统一到远大的目标上。

第三件事是部门“科”的目标必须与部门“部”的目标乃至“公司”的目标保持一致。即使部门“科”的目标已经与部门全体员工共享了，而且大家的方向已经统一，但如果该目标是阿米巴长擅自制定的，与“部”的目标不一致，那么，即使在部门“科”层面的方向达到了统一，可是从部门“部”层面来看，方向是背道而驰的，也就无法做到统一方向，形成合力。

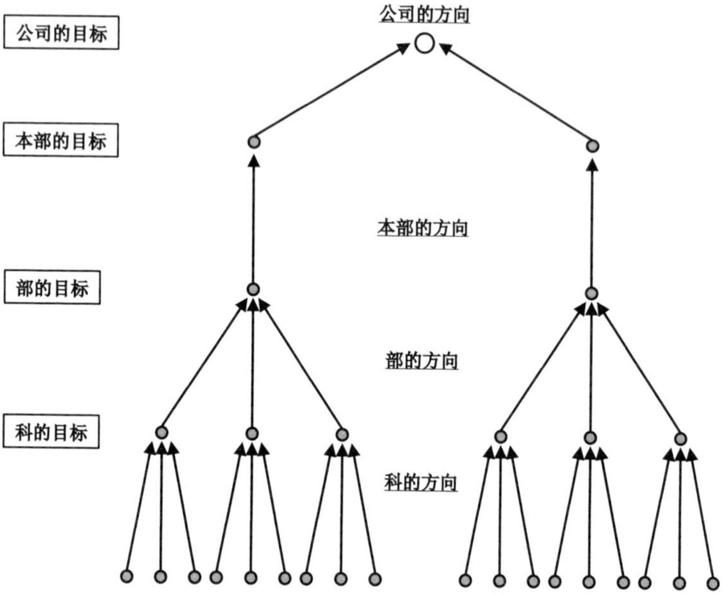

图 4–3　科的目标要向公司的目标靠拢

从公司的组织层级看来，阿米巴长既是 3 级部门“科”的成员，也是 2 级部门“部”的成员，同时也是 1 级部门“本部”组织的成员。因此，对于 2 级部门“部”的目标，阿米巴长之间要做到统一方向、拥有共同努力达成目标的态度是很重要的。

阿米巴长心得 12 条　第 7 条

率先垂范
——拥有挑战精神很重要

阿米巴长是现场指挥的最前沿的领导者。阿米巴长作为一个组织的领导者，要赢得部门员工的信赖和尊敬，必须在团队里率先垂范，在现场起到身先士卒的带头作用。

其中最重要的是拥有挑战精神。无论是多么远大的目标、多么困难的课题，都要从内心深处燃起“一定要成功”的挑战精神，勇敢地去行动。而且，阿米巴长要率先垂范，亲自示范工作的开展步骤和方法，实际做给部门员工看。只有阿米巴长的示范得体，部门员工才会认为并相信“或许我也能做到，试试看吧”。

假如一线的管理者只在后方做纸上谈兵的指挥，那么下属也不会用心开展工作。只有阿米巴长凭借挑战精神和勇气去开展工作，部门员工才会努力追赶，紧跟其后，才能形成合力。

阿米巴长本人要冲锋在前

阿米巴长既是现场的指挥者，也是经营团队的一员。

阿米巴长可以自行决定现场的指挥方式，既可以冲锋在前、身先士卒，也可以统揽全局，坐镇后方。作为被委以部门经营重任的领导者和管理者，阿米巴长可以按照自己的想法对组织进行管理。

不过，以我的经验来看，阿米巴长要取得下属的信赖和尊敬，无论如何都必须身先士卒。

阿米巴长应站在一线的经营现场指挥或指导部下开展部门的工作。每天与下属接触、听取下属汇报工作，对下属做出具体指示等工作除了阿米巴长以外别无他人。如果阿米巴长只是站在后面说“快干活，快干活”的话，无论是多么高明的指示，恐怕下属也很难从心理上接受。

要想让下属心甘情愿地按照阿米巴长的指示去做，首先必须在部门内部建立起“我们的领导懂得现场的辛苦”这样的情感纽带。而且，还应树立起“只要像我们领导那样去做，就一定能做好工作”的标杆。阿米巴长通过率先垂范，使下属心中萌生出信赖感和敬意。阿米巴长只有做出值得信赖和受人尊敬的行动，才能把团队的力量发挥到最大。阿米巴长作为现场管理者，还要冲锋在前。

冲锋在前时，阿米巴长需要掌握以下几个要点：

第一点：必须在“达成部门‘科’的目标”的明确目标意识下开展工作。为此，必须对部门“科”的目标进行具体的说明，告诉下属目标达成以后部门的未来会怎样以及说明达成目标的重要性。这样，团队的士气才会高涨，在此基础上阿米巴长再亲自示范，下属就能带着目标意识去开展工作。

第二点：必须激发部门全体员工拥有挑战精神以达成部门“科”的目标。从阿米巴长的立场来看，仅仅率先完成现场的工作是不够的，必须通过行动激发起下属的信心和士气。

如果阿米巴长挑战高目标并达成业绩的话，下属也会认为“自己应该也能做到”。这就是通过行动来鼓舞和说服下属。阿米巴长率先示范，也带有教会下属如何工作的意义。这点也有助于对下属的培养。

第三点：阿米巴长要勇敢地带领下属开展工作。阿米巴长本人担任着各种各样的工作，所以不可能事必躬亲参加部门里的各项业务。虽然不能亲历所有业务现场，但可以通过向下属询问“今天的工作怎么样？进展顺利吗？”“有没有做出让客户感动的事情？”，来详细把握现场的工作情况。在此基础上，可以给部下提出建议“明天这么做吧”“用这种方法可能更好”，就好像阿米巴长也亲历现场，实际指挥一样，通过这种方式来激励下属。

重要的是，阿米巴长本人要拥有挑战精神和勇气去对待工作。而且要清楚，如果自己不身先士卒的话，没有人会跟着自己干的。

【专栏 2】对现场进行变革

想要改变工作方法，需要非同寻常的能力。例如，即使是改变一下单据的处理方法，也不是一件简单的事。变革以后会出现“不知道怎么处理比较好”“还是以前的做法比较好”等一些不服或不满的声音。要改变某种做法时，难免会有人固执于以前的做法，不愿尝试新的方法。

这时，重要的是阿米巴长如何行动。如果因为不想被现场的人讨厌而不采取正确方法的话，变革永远也不会实现。作为领导，必须勇敢地对现场的工作方法进行变革。

能够在短时间内对现场的操作手法顺利进行变革的阿米巴长是很有勇气的。而且，他知道要想使现在的工作能维持下去，就必须不断地对工作方法进行变革。阿米巴长要向部门员工解释守护工作的意义，带领部门全体员工共同达成目标。

进一步来讲，领导者必须具有保障下属生活的强烈愿望和使命感。这才是在操作层面对现场工作进行变革的原动力。

人类从本质上来说，是不喜欢变化的，同时也是一种依赖于习惯的生物。阿米巴长应理解这一点，组建起一支具有常胜将军特点的队伍。

阿米巴长心得12条 第8条

成为与客户及公司内部其他部门交涉时的中心

——贯彻客户至上主义

阿米巴长无论在公司内还是在公司外，都要在交涉中发挥核心作用。

要做好交涉，最重要的是做人的能力。交涉技巧固然必不可少，但归根结底不能缺少心系客户的意识。

贯彻客户至上主义，首先要考虑自己的部门“科”能为客户做些什么、公司能为顾客做些什么。如果拥有只要自己的部门“科”赚钱就行的态度，那么就不会得到客户的认可；而如果让自己的部门“科”做出牺牲，采取哪怕自己吃亏也行的态度则不叫生意。只有在思考如何使包括自己在内的所有人都能够互利共赢的过程中，才能够想出绝妙的商业提案。

交涉绝不是一件简单的事。要想在困难的交涉中取得成功，不但要依靠部门员工的力量，而且还要靠包括部长甚至总经理在内的公司综合力量。是否有能力调动全公司的资源，这正是阿米巴长的交涉能力。

成为旋涡的中心，激发综合能力

阿米巴长是部门的代表，必须在与客户或与公司内部其他部门交涉中扮演核心角色。重要的交涉不完全交给下属，也不完全依赖上司，而应该自己负起责任，向前推进。

这里必须注意的是，不要错误理解“成为核心”的意思。不是说要让阿米巴长想出所有的点子和办法，也不是要求阿米巴长亲自完成所有的交涉。

阿米巴长要“成为核心”，指的是“成为旋涡的中心”。

在京瓷“成为旋涡的中心”是一句经常使用的话，指的是调动周围的人推进工作。明确交涉的目的和目标，为实现该目的和目标，不但需要下属的力量，还要借助部长及经营高层等全公司的综合力量。

即使阿米巴长想凭借一己之力完成交涉，在现实中也是很难做到的。因为有些事情阿米巴长很难应对，而且交涉本身也需要依靠组织的综合力量。

在营销活动中，即使阿米巴长本人受到对方负责人的青睐，但有些事情如果不请上司部长出面，对方的部长也不会出面。如果阿米巴长说“由我一个人来做”，事情往往不会有什么进展。阿米巴长应该考虑在某个合适的时机请部长出面，甚至请董事出面。

交涉的最终目的是得到客户肯定的答复。要得到这样的答复，阿米巴长不能孤军奋战，重要的是在充分了解对方的基础上，最大限度地调动全公司的力量去争取。

为此，要借助公司内部的力量。借助下属的力量自不必说，如果不能得到其他部门同事或上司回复“既然你想得如此周到，我也支援一下吧”的话，就无法形成合力。在公司内创造出这样的体制，是阿米巴长的职责，这就是“成为旋涡的中心”的含义。

贯彻客户至上主义

商业谈判最基本的原则是“客户至上主义”。谈判中当然要维护本公司和本部门的利益，但也不能用花言巧语让自己占尽便宜，让客户吃亏。

作为阿米巴长，必须认识到正是因为有了客户，才有了自己存在的价值。首先要把客户放在第一位，只有这么做，自己才有可能获得幸福。

在自己获得利益之前，先让客户感到满意。如果做不到这点，商业活动往往不会顺利。阿米巴长必须具有这样的认识和胸襟。应该说，阿米巴长需要有自己的经营哲学，必须在“客户至上主义”的基础上开展交涉活动。

在现实当中，无论与客户进行谈判，还是在公司内部围绕准备工序或后道工序进行交涉时，都可能因各自立场不同而产生纠纷。这时，重要的是阿米巴长如何行动。这也是对做人能力的一个考验。

如果一味考虑本部门的利益，往往得不到周围的支持。反过来，也不能认为为了其他部门或公司的利益可以牺牲本部门的利益，或单方面无条件地接受对方所有的谈判要求。如果在谈判当中只强调“我为公司整体考虑……”的话，是无法保障本部门的利益的。

那么，在不会谈判的阿米巴长手下工作，下属会怎么想呢?

下属们可能会想：“我们的领导真不给力呀！每次谈判都铩羽而归，总是我们部门做出牺牲。”而且，他们会对自己怎么努力也无法取得成果而表示不满。

阿米巴长既要为对方考虑，也要坚持为本部门考虑，争取对双方都有利。这种使谈判顺利进行的能力就是交涉能力。阿米巴长要有能力找出公平分配利益的方法。

谈判并不是一件简单的事情。但我认为，阿米巴长必须具备这种能力。如果阿米巴长具有这种能力，了解谈判的深层意义，下属的行为方式也会发生变化。

在现实中，需要一些方法来帮助得出较好的结论。我总是要求阿米巴长在谈判前必须思考谈判的方法和应对策略，而且还要有第二、第三种备案。虽然有不少阿米巴长说“只有这一个方法”，但这样是不行的，必须想出第二种或第三种预案。

阿米巴长掌握这样的本领，既能与公司外的客户建立良好的关系，同时又能与公司内的相关部门进行愉快的合作，这些非常重要。

说服需要大义

关于说服力，在我自身的经历当中，最有代表性的一个案例就是说服稻盛和夫先生，允许我把京瓷的成功管理秘籍——原本绝不外传的“阿米巴经营”作为管理产品进行商业化。

稻盛先生曾对盛和塾的塾生说过：“如果大家想导入阿米巴经营，那么你们就自己去思考、去摸索吧！”他既没有公开阿米巴经营的想法，也完全没想过把阿米巴经营商业化。因此，我曾经为如何说服他而绞尽脑汁，纠结不已。

我在说服他的过程中完全没有对稻盛先生讲把阿米巴经营作为管理产品对外提供咨询可以赚多少钱的话，而是反复地告诉他阿米巴经营是一套非常优秀的经营管理系统，可以为社会做出贡献。我还说，京瓷公司已经稳健地发展起来，从您为社会做贡献的使命出发，目前也到了可以向外部传授阿米巴经营的时期。

结果，稻盛先生说：“你净说些好听的话……”最终稻盛先生同意了我的提议。

我想，如果我对他说：“我们把阿米巴经营机制转化成咨询产品商业化的话可以为京瓷赚很多钱……”他一定会说：“京瓷是制造企业，不需要靠咨询来赚钱。”

在商业领域，赚钱还是不赚钱当然是需要考虑的事情，但不能只谈利润。利润固然重要，但只有利润就没有了大义。赚钱归根结底是一种结果。首先还是要从为了客户，或为了社会的角度出发去思考问题。在做一件事情时，不能失去目的和大义，这点非常重要。

而且，当目的达成以后，不要过分相信是自己的实力，应当对提供了帮助的人们表示感谢。即使没有达成，也不能抱怨别人没有帮助自己。失败时，应认真反省，未能说服周围的人，是自己的责任，寻找下一次机会，下次继续努力，这样的人才能成长。只有认为自己努力得还不够的人，才会继续努力。

每次听获得伟大成就的人演讲，都能听到“我太幸运了”这样的话。绝大多数人都会说，比起自己的能力，是因为得到了大家的帮助，才取得了成功。也就是说，与周围保持良好的互动关系，才能在工作中达到共赢，即顺利地进行交涉和谈判。他们一定都是为客户和为对方着想、重大义、谦虚真诚地待人接物的人。

阿米巴长心得12条　第9条

随时关注下属的状态

——加深与下属的信赖关系

人们都很珍惜对自己好的人，愿意为对方竭尽全力。在职场的人际关系中，阿米巴长要满怀关爱对待下属，随时关注他们的状态，在他们遇到困难时伸出援手，这些非常重要，因为这样做能加深与下属之间的信赖关系。

关心下属的一举手一投足，了解他们日常的工作情况及心里想的事情。这时阿米巴长的目光在某种意义上应该是慈爱的，但另一方面，也应该是不允许出错和失误的严厉目光。重要的是，既要以关爱为基础，又不能放任，应该以冷静的态度对待下属。

作为领导者，了解下属的想法，抓住每一个人的心，是必须做到的。

确认下属是否赞同自己的意见、是否正在执行

阿米巴长要组建一支能挑战远大目标并取得成果的强有力的队伍，但前提是与下属建立起牢固的信赖关系。为此，必须使下属赞同阿米巴长的方针，为了部门而积极行动。如果下属不理解部门的方针或阿米巴长的意见，嘴上说着 OK 却对工作没有热情，是很难达成远大目标的。要想让下属认真用心地工作，首先必须统一方向。

那么，怎么做才能加深与下属之间的信赖关系呢？阿米巴长必须努力把握每一名下属的想法，当然这是一件非常困难的事。因此，我的建议是先确认下属是否赞同自己的意见、是否正在执行。

工作中都是上司发出指令，下属按照该指令去完成工作。但是，表面上看虽然一样，但是否发自内心地赞同，将大大影响对待工作的热情和方式。因此阿米巴长要对此进行仔细观察，如果发现下属在工作中并没有完全理解，必须再次告知工作的目的、意义及自己的想法，努力使下属理解。

因此，对下属发出工作指令后，也不能不闻不问，必须对下属是否以合作的态度对待被分配的工作进行确认。要经常过问、确认工作的进展情况及方向，了解下属是以怎样的态度对待工作的。阿米巴长不能把工作分配给下属以后就放任不管，必须经常跟进，了解下属是否理解并认同该工作的目的和意义。

帮助下属

了解下属想法的另一个方法是仔细观察下属的行为。心情不好的时候，工作上多余的动作或生硬的动作就会增多。多余动作增多是因为在工作中没有认真思考，或工作时不理解阿米巴长的想法。或者，有时可能遇到了难办的事或苦恼的事，没有投入到工作中去。

这时，阿米巴长应该仔细观察下属为什么会做出多余或生硬的动作，主动询问其对什么事情感到困惑或苦恼。

阿米巴长不应该只是要求下属明白自己的想法，还必须具有了解下属的想法、推测下属心情的态度。

进一步说，阿米巴长必须具有帮助下属的意识。工作上的事自不必说，如果下属信任自己，即使是私事，也要去了解情况、予以帮助。

人们会对在困难时获得的帮助最为感激。如果上司什么都没有为你做过，而你却说“我要为领导努力工作……”，这样的人想必很少吧。因为世上绝大多数人都不是“为别人工作”，而普遍是“为自己工作”。正因为如此，上司必须关爱下属。

人的想法是很奇怪的。即使最初抱着“那个阿米巴长很啰唆，不妨先听听他的话”想法的人，如果遇到重视自己的人或理解自己的人，也会想要“为他做些什么”“助他一臂之力”。

因此，当上阿米巴长以后，当务之急是做到关心和重视下属。因为人们通常会对关心和重视自己的人，产生一种报恩的心理，所以自然而然就会想到要为阿米巴长做些什么。

如果带着“因为我是阿米巴长，所以作为下属，你们必须先尊重我。这样，我才会尊重你们”的态度，是做不好阿米巴长的，因为本末倒置了。

观察下属的状态，发现有点奇怪时，请主动打声招呼：“怎么了？”“有什么烦恼吗？”向一言不发的下属主动打招呼，可能有些难为情，但如果等着对方先开口，则你们的关系永远不会加深。而且，对你怀有不信任感的下属，不可能主动来寻求帮助。

如果平时对下属表现出了“有困难时告诉我，不要客气”的欢迎态度，那么，当下属遇到困难时，就可能会来找你商量。这时，应该认真倾听对方的需求，尽己所能给予帮助。

我选拔组长或阿米巴长时，虽然也看重他们是否能干，但更重视他们是否会照顾别人，有没有关爱之心。任命不会照顾下属的人当领导，下属也不会跟随，团队也组建不起来。

不能认为当了阿米巴长以后就可以傲慢，下属会自然而然地跟随。领导者只有做到关爱下属，才能成为真正的领导者。

不要“溺爱”，要“关爱”

前面提到阿米巴长要关爱下属，但不是要去“溺爱”。“关爱”与“溺爱”看似相近，实则完全不同。

关注下属的状态，既要投以慈爱的目光，又要严格监视其工作中有无错误或浪费。

人的能力和经验各不相同，所以要求所有下属的工作质量完全相同是不现实的。因此，分辨这个人能做到什么程度、那个人的极限在哪里，也是阿米巴长的工作之一。必须在这个基础上判断一个人向自己的极限发起了多大的挑战。要做到这点，阿米巴长需要在日常工作中用自己的眼睛去观察下属的工作状态。

否则，可能会遭到下属抱怨："我们领导太纵容那位员工了。""我这么努力，却根本得不到好评。"

如此看来，在一线发号施令统领下属的阿米巴长的工作是非常难做的。反过来说，把公司交给自己的下属，把他正确培养成能独当一面、具有战斗力的人才，使他不断进取，也是非常有意义的工作。阿米巴长们关注下属的工作状态，指出缺点并指导其改正，发扬其优点，从"人才培养"的角度来讲，这也是在为公司做贡献。

阿米巴长心得 12 条　第 10 条

表扬、批评下属

——加速下属的成长

阿米巴长应站在直接对下属进行指导的立场上。阿米巴长如何指导决定了下属的成长情况。阿米巴长必须为下属的未来着想，在对下属进行指导的过程中，采用时而表扬、时而批评的方法。

关键还要克服对方的不足之处。既然有缺点，就不能称为优秀。如果真心想让下属成长，就应该采用能让对方永远铭记于心的批评方式，使他不再犯同样的错误。

一定要在下属犯错的瞬间，对其进行谆谆教导。要在现场反复询问“为什么”，并追究原因。而且，要让他发自内心地进行反省。

在指导时，阿米巴长必须满怀对对方的关爱和热情。只有带着关爱和热情去表扬和批评，才能使下属在心中充满干劲。

为促进下属成长而批评

在加快下属成长过程中“表扬和批评下属”的管理方法非常重要。特别是“批评”至关重要。

人们常说“通过表扬进行培养”，但从我的经验来说，表扬最多只能起到三分之一的作用，剩下的三分之二应该靠批评去实现。虽然也有只表扬不批评的阿米巴长，但我不推荐这样的做法。因为如果这样做的话，下属总有一天会失败的。

在表扬中成长起来的下属，年纪轻轻便会忘乎所以，而且，会变得越来越不会改正缺点。在实际工作中，即使犯了小过失或错误，也不会受到阿米巴长的责备，而取得一点点成功便会得到赞赏。这种状态持续下去的话，下属本人会不知不觉产生出“自己身上可能多少有些缺点，但也有足够的优点去掩盖缺点”的想法。如果这样想的话，就不会真心去改正缺点了，而且可能在关键时刻陷入困境。

只靠表扬让人改正缺点是非常困难的。即使采用“这里做得很好，如果那里再……”的说法来指出问题，也只能给下属留下被表扬的记忆，不会留下被斥责的记忆。人们如果感觉不到自己有缺点，自然不会去改正坏习惯。只有在遭遇到相当程度的失败后，才最终意识到“必须认真改正了”，但为时已晚。

要纠正缺点，必须进行批评。

当然也需要继续发扬优点，但一味地表扬会让下属几乎不想改正自己身上的缺点。这样的话，下属一定会在某个地方跌倒。为避免出现这种情况，阿米巴长要对下属进行批评，令其改正缺点。领导者必须认真履行这一职责。为此，必须有意识地进行“表扬”和“批评”。

一流选手没有缺点

以前，我曾见过被誉为“日本花游之母”的花样游泳教练井村雅代女士。

她作为日本代表队的主教练带领队员参加过6届奥运会，日本队每届都获得奥运会奖牌。后来，她应邀担任中国代表队主教练，目前她再次出任日本代表队主教练，对队员进行指导。我听说井村教练采用的是典型的“斯巴达式”训练方法。奥运会的打分方法是减分制，犯了错就会被扣分。为了把扣分减少到零，必须彻底改正可能导致犯错的缺点。井村教练让队员们反复按照她的要求去表演，达不到要求就不能从泳池中出来。

做得好时说一句“就是这样”，而做得不好时就说“不对”，命令队员重新练习。如此反复训练，直到完全改正缺点。据说过去曾一天训练13个小时，这期间有时候队员都无法从泳池中上来。这种训练方式非常苛刻。

井村教练说，在花样游泳项目上，俄罗斯的队员在体力和体形上都非常出色，占有先天优势。日本队要想在高手云集的严酷的竞争环境中获得奖牌，就必须“改正所有缺点”。

队员们之所以愿意跟着井村教练做这么严格的训练，是因为她能帮助队员们实现“参加奥运会”的梦想。井村教练虽然很严格，但她的严格是发自内心想帮助队员们实现梦想，且拥有帮助队员们成长的关爱之情。她说：“如果爱她们，就要去批评。”

如此严格的井村教练，在和她直接交谈时，让人感到她是一个人格非常优秀的人。谈话内容也很精彩，常常使人感到言之有理。据说作为教练最痛苦的事是在代表队内部进行选拔，做出淘汰部分队员的决定。面对以奥运会为目标坚持参加严格训练的队员，告诉她们没有入选，是一件非常痛苦的事情。我认为，井村教练是一个能够把严格和关爱很好融合的人。

井村教练的指导理念和态度，对于在商业领域发挥领导作用的阿米巴长来说，也有许多值得借鉴之处。

阿米巴长作为领导者，纠正下属的缺点是其重要职责之一。有缺点的商务人士无法把事业做到一流。职务越高，活动的平台也就越高，所以有时候一点点的缺点便能导致致命的结果。例如：在奥运会的花样游泳比赛中，任何微小的错误都可能导致与奖牌失之交臂。在大型棒球联赛中，一流的击球手会被人彻底地分析漏洞，一点点的缺点都有可能遭到致命的攻击。如果不能突破自己的短板，那么在事业上就无法更上一层楼。

下属能成长到何种程度，取决于领导者如何指导。其中最重要的就是为他纠正缺点的热情和关爱。

让人刻骨铭心的批评

在批评方式中，“让人刻骨铭心”是非常重要的一点。如果做不到这点，下属会反复犯同样的错误。

能让人刻骨铭心的批评方式中，最关键的是“要在众人面前”“用一定的时间”进行批评。虽然简单，但很有效。要在周围的同事和前辈面前，用一定的时间去批评。

领导问：“为什么会失败？”

员工答：“我忘记做 ×× 了，对不起！”

领导问：“为什么会忘了这么重要的事？你用什么样的态度对待工作？”

员工答：“对不起，是我疏忽了。”

领导问：“疏忽是什么意思？为什么工作时不多加小心？这种工作态度太不像话了。”

……

要反复去问“为什么”，一直追问到对方答不上来为止。

像这样在众人面前不断地追问，受批评的一方会觉得忍受不了。我也曾多次受过批评。就因为忘记了一件事情而被批评 20 分钟，甚至 30 分钟。我当时既在意周围同事的目光，觉得不好意思，又为自己的粗心而生气，有一种无法说出的感觉。这就是“让人刻骨铭心”的含义。

既然要批评，就必须让对方刻骨铭心。这种批评方法能让受批评的人感到痛心，记忆深刻。当下次遇到同样的事情时，能够条件反射式地避开。通过这样的批评方式，帮助员工改正缺点。

在读一些指导下属的管理书籍时，常常能读到“不要在人前批评下属，要带到独立的房间进行批评”等内容。意思是要考虑受批评人的感受，不要伤害其自尊。但是，这样的指导方法是不适合现实的商务世界的。只有在出现问题的现场接受批评，下属才能认识到“我错了，对不起”，从而进行反省。如果事后再提“那天的那件事……”，有可能他都已经忘记了所犯的错误。这样，就起不到“刻骨铭心”的指导作用。

说教带来的结果有时候会令人很痛心，而且过强的批评是有害的，正因为如此，才要仔细观察对方的状态。最好能在多加关心的基础上，弄清批评到什么程度就能让人刻骨铭心。

此外，最为理想的批评方法是：即使受批评的人一时情绪低落，最终也能在他心中激发起干劲，使其产生“好，我再试一次”的想法。要做到这点非常不易。阿米巴长可以在训话结束后说句安慰的话，或通过表情来告知对方批评他是为了让他更好地成长，等等。阿米巴长要掌握对方的心理，激起对方反省、努力奋斗的激情，驱动他在心中产生干劲儿。

如果不是自己发自内心地想去改正的话，人的缺点是无法改正的。阿米巴长要努力让下属本人了解自己的缺点，从内心产生想要改正的愿望。我衷心希望阿米巴长能通过这样的方法点燃下属心中的明灯。

对新入职员工要“手把手”地教

在公司举办的各种培训中，培训结果具有明显差异的是对新入职员工的培训。各个公司都希望新员工能够尽快形成战斗力，那么到底是在1年、还是在3年后能成长为骨干呢？这个差异将对部门的战斗力产生巨大影响。对新员工的教育方法因阿米巴长工作经历的不同而有所不同，指导工作是否有效的检验方法之一是新入职员工的成长速度。

对于大多数的新入职员工来说，虽然有兼职或实习的经验，但正式进入社会参加工作则是在进入最初的工作单位以后。因此阿米巴长要关照他们：立志成为行业专家，正确掌握工作的基本操作要领，尽快熟悉职场氛围融入组织。

我希望阿米巴长能够亲自深度参与对新员工的培训，并手把手地进行指导。每天的实际业务可能是由老员工或组长进行指导的，但不能当甩手掌柜，阿米巴长本人最好能每周一次对新入职员工的成长情况做个确认。

有些阿米巴长会对新入职员工的成长程度做出客观评价，如“新员工张三进步很大，而李四却没有任何进步”。其实这么做并不好。因为这相当于部门领导在袖手旁观、评头论足地等待新入职员工的成长，这种被动的管理方法是无法提升部门的整体水平的。

新员工经过培训后，一般有两种情况：一种是原本是有悟性、有实力的新员工经过培训以后进步会很快；另一种是能力平平，又没有悟性的新员工，即使通过培训成长也非常缓慢，弄不好可能几乎没有进步，原地踏步。在现实的商务世界中，后者明显居多。所以，在最初一两年对新员工进行培训的时候，应该考虑提高整体的能力，把精力放在提高平均分上。

坦率地讲，新入职员工中可能存在吊儿郎当的人。只有通过教育才能使这些人成长为独当一面的人才，这是阿米巴长的工作。如果阿米巴长一味抱怨“为什么给我部门分配个这么玩世不恭的家伙……”而怨天尤人的话，一切都不会发生改变的。

大多数新入职员工都是参加了人事部精心准备的招聘会并通过由董事参与的最终选拔才被录用的。而且，新员工本人应该也怀着“我要在这家公司好好干”的决心。每位新员工都是经过严格的录取程序才能进入公司的，因此，如果阿米巴长早早地抱怨“招错人了”就显得太过轻率了。把新入职员工“我要在这家公司好好干”的决心变为现实，正是第一个直属上司——阿米巴长的工作。

我曾经有机会见到株式会社日立制作所（以下简称日立公司）的领导，当时我问他：“日立公司是怎样培养新员工的？”他说：“员工的成长与毕业的大学无关，但和第一任上司有密切关系。最初跟随的领导会改变这个人的一生。而且在3年内就定型了。”

能在日立公司就职的学生，大多都是偏差值［所谓“偏差值”是指相对平均值的偏差数值，是日本人对于学生智能、学力的一项计算公式值。偏差值 =（个人成绩 − 平均成绩）÷（标准偏差 ÷10）+50。通常以50为平均值，75为最高值，25为最低值。偏差值在50以上，属于较好成绩。偏差值在60以上，可以上较好的大学。——译者注］很高的高学历人才吧。听到日立公司的干部说“新员工的成长与学历无关，而取决于在什么样的上司指导下成长，而且3年就定型了”的培养理论以后，我大吃一惊，甚至从某种意义上来说感到很可怕。同时，我也认识到，新员工能否快速成长还是取决于其直属上司阿米巴长。

新员工只要怀有认真工作的意愿，且通过了公司录用选拔考试，那么只要好好培养，必定会成长起来的。而且，新员工成长速度的快慢取决于阿米巴长的培养方法，从中也可以看出阿米巴长的本事。可以说，阿米巴长是培养下属的关键所在。

阿米巴长要手把手地辅导新员工。如果新入职的员工犯了错，必须当场问他："为什么会做成这样？"反复追究在哪个判断上出现了问题、是否在工作态度上出了问题。通过反复追究责任，新入职员工将一步步地成长起来。

通过指导，使工作发生改变

最后，我想介绍一下自己在京瓷公司工作期间受到的稻盛先生的教诲。

我大学毕业后加入京瓷，最初被分配到生产管理部工作。当时，我心里就想：领导究竟会交给我什么工作呢？后来才知道，我竟然被安排做"填写发货单"的枯燥工作。说实话，当时我也很不理解："咦？怎么让我堂堂一个大学生干填写发货单这么简单的工作，这不是大材小用吗？"

我的工作是在发货单上填写产品单价、数量，然后计算出合计金额，最后再盖上印章。在当时那个时代，不要说用电脑了，连计算器都没有，所以，所有的单据都是手工填写，并用算盘计算。而且，稻盛先生说："哪怕只生产出 1 个产品，也必须尽快交付给客户"，所以在数量上有很多尾数。比如客户订购的数量是 1,000 个，如果已经生产出 231 个，那么就需要按照分期交货的方式先填写出 231 个产品的发货单。假设单价是 23 日元 55 钱，那么就是 3 位数乘 4 位数的乘法计算。对于以前没有用过算盘的我来说，处理出库手续自然就很慢，一整天都在拨算盘也还是赶不上。我当时已经很拼命工作了，而我旁边有位珠算一级的女同事，我填写一张发货单的时间，她就能填写三张。

就在我有些悲观失望的时候，有位老员工过来对我说发货单写得不好。他说："你发货单上写的字太难看了。要写出更漂亮的字，写京瓷的字。"

我说："对不起，我以后注意。"虽然道了歉，但完全没有要改正的意思。内心却在想："您说什么呢？我的字可能的确不漂亮，但没有时间啊！我也没有办法。京瓷的字到底长成什么样呢？世界上哪有这种字呀？您要是不满意，就不要让我写了。"我当时就是这么想的，因此，我的字当时没有发生任何改变，还是老样子。

若干年以后，我调到了经营管理部工作，还管着几位员工，负责汇总阿米巴经营中使用的"单位时间核算表"。那个时代仍然没有实现电子计算，所以还是用算盘计算单位时间附加值，并手写制作各部门的核算表，最后汇总成公司的业绩数字。

一天，因单位时间核算表的事，我被时任总经理的稻盛先生叫到他办公室。

那时的稻盛先生是一个很严厉的人，所以我非常紧张地向总经理室走去。我问道："稻盛总经理，您好，请问您找我是因为我把数字计算错了吗？"稻盛总经理说了一句："你自己看看你准备的资料。这么难看的字，先不说错还是对，能看得清楚这上面写的是什么吗？”

我很吃惊。稻盛先生继续以气势汹汹的态度说：“我每天把这些单位时间核算表装在包里带到各处，哪怕是出差也带着它们。而且，只要我一有时间，就一张一张地翻看核算表，了解各个部门的经营情况，通过核算表得知这个部门很努力，那个部门在浪费原料费，必须提醒一下该阿米巴长……我就是在思考这些问题的过程中来经营公司的。我这么重视核算表资料，而这上面的字竟然这么难看……”这时他的语气已非常严厉，我感到自己的身体已经在发抖。

通过这件事我第一次知道，自己每月制作的单位时间核算表竟然有这么重要。稻盛总经理每天都在看我写的核算表而且活用在经营上，之前对此我竟然一无所知，因此内心感到非常抱歉。

我抱歉地说：“对不起！”稻盛先生继续说：“你要指示所有的下属把字写得漂亮些。”

事实上，在此之前，我从未在下属面前训过话。正在我不知所措的时候，稻盛先生说他也一起去给我加持能量。于是，我随稻盛先生一起回到部门，把大家都召集起来。

“其实刚才在总经理室，我因单位时间核算表上的字迹难看受到了批评。我再次看资料时，确实发现字迹不整齐，作为资料很难看得明白。稻盛总经理每天都在看这些资料。我听说他就是通过这样的方法在经营我们公司的。我认为我们必须把单位时间核算表做得更好看。希望大家从今天开始都要练字，把核算表制作得整齐、漂亮一点。”我想了半天，就说出来这些。

稻盛先生听后，说了句“这样就可以了”，然后就回去了。

随后，我马上让部门里字迹漂亮的员工把从 0 到 9 的数字都写出来，制作成范本，让大家练习。而且，每次一分配来新的员工，就让他练习写数字。采取这些措施以后，无论是谁制作的单位时间核算表都变得同样漂亮。而且，我们还严格检查印刷字体的浓淡、订书钉的位置、有无缺页等。经过一系列的努力以后，我们部门整理汇总出来的经营管理资料得到了公司所有人的信任。

而今回想起来，稻盛先生当时对我的训话如晴天霹雳，刺激到了我的心脏。那是一种刻骨铭心的指导。那种感觉至今让我记忆犹新。

令人刻骨铭心的批评方法会使人产生不想再犯第二次错误的决心，只有这样才能改进工作。

第五章

进取心

——有前途的阿米巴长心得

阿米巴长心得 12 条　第 11 条

在特定领域拥有卓越的专业能力

——增强好奇心

阿米巴长每天都要接到部门员工的汇报和请示，然后根据现状做出判断，发出如何行动的指示。为了能做出正确的判断，也为了得到下属的信任，阿米巴长必须提高自己所负责领域的专业能力。

商场是瞬息万变的。比如说出现了新兴市场，开发出了新产品和新服务，迎来了新的技术革命，等等。阿米巴长为了能做到与时俱进，捕捉稍纵即逝的机会就不得不掌握新的专业能力。

为此，应增强好奇心，渴望学习到新知识。只有具备这样的态度，才能得到下属的信任。

阿米巴长怀有强烈的好奇心应该是推动下属提高专业能力的动力。

如何面对没有经验的业务

“在特定领域拥有出色的专业能力”不是对现场从事实际业务的下属的要求，而是对阿米巴长本人的要求。我认为，正因为是阿米巴长，才需要具备专业能力。这与现场的实际业务担当的专业性具有不同的意义。

假设一名组长，通过努力取得成功，受到直属上司部长或董事的认可，被提拔为阿米巴长。成为阿米巴长以后如果所从事的工作是工作的延长线，那么阿米巴长只要继续在擅长的领域发挥能力就可以了。发挥以往的经验，不断拓宽阿米巴长的工作范围。

但是，作为阿米巴长被赋予的工作内容与当组长时完全相同的情况并不多见。担任阿米巴长后，自己负责的工作领域中常常会增加一些原本从未经历过的业务，有时甚至被命令从事完全不同领域的工作。这就是组长与阿米巴长的区别。对阿米巴长的要求是，在自己不具有专业性的领域里也能够带领下属顺利完成工作。

此外，有时虽然领域相同，但工作环境完全不同。例如，没有国外工作经验的员工，可能在某一天突然被要求“去中国工作”，也有可能被要求“去京瓷收购的××公司工作”。在文化不同、制度不同的地方，这位员工还能像以前一样发挥能力吗？事实上，答案是不确定的。虽然不确定，但要求阿米巴长在新环境中也能取得成果。

那么，在未知的领域或崭新的环境中，阿米巴长应该怎么做才能发挥能力呢？我认为，重要的是对自己不了解的世界、对新鲜事物保持兴趣。此外，还要不断提高专业性。

如果内心有一种“这不是我的专业，把这件事交给下属去做”的想法，那么这位阿米巴长是永远不会具备专业性的。出乎意料的是，有不少阿米巴长都在无意识中肯定了自己这种心理活动。

现实中，即使有这样的想法，工作也能开展，尤其是有优秀的下属时。但是，如果这样的话，就无法向下属表明阿米巴长的判断标准，也无法要求下属做出正确的决定及抱有应有的态度。

要发挥阿米巴长的能力，首先要对所负责的领域感兴趣，有意识地表现出关注。这种好奇心对阿米巴长来说是不可缺少的。

专业性在做出“判断”时必不可少

阿米巴长的一项重要职责就是“判断”。根据以往的经验、掌握的知识以及不断磨炼的心性，对下属的汇报进行判断、做出指示。被任命为阿米巴长的人，应该都是因为具备这种卓越的判断力而得到认可的优秀人才。

可是，在不熟悉的领域，往往很难发挥出这种做出判断的能力。要想在工作中做出正确的判断，无论如何都需要具备一定水平的专业性。换句话说，阿米巴长要做出判断，必须具备必要的专业性。

关于如何提高这种专业性，我从稻盛先生在拯救日航的指导工作中受益匪浅。

稻盛先生就任日航董事长时，对航空业进行了彻底的研究，努力掌握日航公司内部的经营情况。他刚刚就任董事长时，曾说过“我对航空运输行业一窍不通”，在前3个月里，他每天都用5～6个小时去听取各个部门的工作汇报，甚至还抽空去现场视察，倾听员工的声音。通过这些方法，他对这个行业越来越了解，也掌握了公司的整体情况，能自信地对各种事务做出判断，说“那样可以”“那样不行”。通过观察公司内外的情况，他越来越善于根据自身哲学做出判断。当然，在涉及善恶的问题上，他不拘泥于行业惯例，从一开始就做出坚定的、不容动摇的判断。

稻盛先生做出判断的基本想法是“作为人，何谓正确？”的价值观。最值得我学习的是，稻盛先生在不断钻研自身的哲学、根据这种哲学做出判断的同时，也为精通行业情况而不断努力。而且，截至目前的实绩显示，他的判断都是正确的。我想，这对许多企业家来说，都具有启发作用。

好奇心成就与下属的关系

阿米巴长自己也不知道何时会被调到其他新部门当领导。不能在这样的时刻到来之际说“这不是我的专业”，所以必须提前做好思想准备。

被委派从事新领域的工作后，阿米巴长必须热切地、迅速地开始学习，提高专业能力。

赴任以后阿米巴长不能说“因为不懂这项业务，所以交给下属去做”，而应该诚心诚意地向下属请教，加深对专业性的理解。即使要多花费一些时间，也要坚持采用这种不耻下问的工作态度。

我认为应该通过好奇心来保证这种态度。只要带着好奇心，真诚地向下属请教，就会与下属建立起良好的工作关系。

下属的心理活动也是丰富多彩的。对于在专业能力方面不如自己的上司，下属的想法又是怎样的呢？也许想做些工作来帮助上司，也许会无视上司，想自己去做。对下属拥有的这些想法，阿米巴长又应该说些什么呢？

应该对他说：“我很信赖你，而且需要你。希望你能成为团队的核心，努力工作。但我觉得自己也不能什么都不懂。所以，希望你能教我一下这项新业务……”而且，阿米巴长应该认真地学习，提高专业能力，并发出指示，让下属心服口服地说“不愧是咱们的领导，真厉害！”。即使在业务方面下属略胜一筹，但在做判断决策方面，还是要让下属叹服。

这点非常重要。如果不努力去做出判断，会被下属认为：“那个阿米巴长是个外行，什么也不懂。和他说也是白说，也没法商量。”

不能让下属有这样的想法，应该让他们觉得，“阿米巴长带着强烈的好奇心来问我，所以，这件事我必须好好地向领导说明”。下属这种微妙的心理变化会影响到与阿米巴长的人际关系。而能够影响下属心理活动的，正是阿米巴长的好奇心。

对新事业不能没有好奇心

好奇心是开展新业务时不可缺少的要素。

在缺乏有经验的人士的情况下挑战新领域时，领导者必须带着好奇心去收集行业信息。在这个过程中会产生智慧，找到解决问题的方法。

我有参与 KCCS 公司加入通信工程事业的经历。虽然不是作为阿米巴长，而是在担任总经理之后参与该通信工程业务的，但我对待工作的态度与阿米巴长心得有相通之处。

所谓通信工程就是建设手机基站业务。如今的基站都已实现小型化，但以前都要建造铁塔等大型设备，这的确属于一项“建设”事业。20 世纪 90 年代后期，原本由 KCCS 公司参与 PHS 的投资缩减，后来公司也在研究是否要加入这项通信工程事业。事实上在技术方面，这是一个完全不同的领域，既要取得建设行业的资格，又要具有安全保障及工艺方面的技术。虽然从 PHS 的交易实绩来看，只有进行交易才能赚钱，但对于是否真的去做，董事们聚在一起畅所欲言地进行了讨论。最终，大家决定去挑战该事业，坚定了参与通信工程事业的决心。

我想，既然要参与这项业务，就不要像中间商那样赚取差价，而要做成从设计到施工管理都能产生附加价值、获得充分利润的事业。于是，我对这项业务的构成做了彻底研究，详细了解所需技术，认真思考开创这项事业的方法，当时感觉自己对此业务充满了好奇心。

我认为绝对不能缺少的一项就是与合作企业建立良好的合

作关系。在当时的通信工程行业内，把业务外包出去的二次承包、三次承包都是天经地义的，甚至还会出现四次承包这样的多重商业模式。如果每个环节都瓜分利润的话，生意是很难做的。

因此，KCCS 公司在全国主要城市都开设了办事处，同时，和承包施工的外协企业一起组建了合作关系协会。KCCS 公司与合作企业组成紧密的团队，打造了共同开展业务的体制。

这项业务虽然曾一度严重亏损，但目前已经发展成为支撑 KCCS 公司 1,160 亿日元销售额的重要业务领域。

回想一下，如果当初我对这项事业的想法是："没有任何技术怎么办？真的要做吗？"如果我说："京瓷是制造业，为什么要从事建设业呢？"可能这项业务也就不会存在了。或者如果没有想到组建合作关系协会，可能就不会有今天这样的发展了。

我认为迄今为止的经营业绩，都是在好奇心驱使下取得的。兴趣、好奇心，对于商务活动来说是必不可少的。

阿米巴长有阿米巴长的学习方法

20 世纪 90 年代，日本刚刚开始举办"日本职业足球联赛"（Japan Professional Football League）的时候，人们对足球的规则还不是很了解。许多人不知道越位的意思。慢慢地，随着足球的普及，球迷们开始了解规则，在支持自己的球队时，类似"刚才的比赛越位了，裁判没有判"的评论越来越多。这就是好奇心的结果。只要有好奇心，就能快速掌握知识。

阿米巴长在最初的阶段没有专业知识，这不是大问题。这种情况大家也都理解，认为很正常。不能过了两年以后还是不懂，总是以不懂的姿态开展工作，很快就不再能获得来自下属的信息，也就无法发挥出自己本来的能力。

要发挥阿米巴长的判断力，必须把眼前发生的现象与自己过去经历过并已解决的现象联系起来进行思考。因此，阿米巴长必须具备专业能力。

阿米巴长必须用到自己以往学到的东西，而不能丢弃以前的知识。阿米巴长培养起来的能力，在新的领域也会发挥作用，只是不知道关键点在哪里而已。要抓住关键点，必须具备专业能力。

学习不是从零开始，应该站在阿米巴长的立场上进行阿米巴长的学习。这就好比空手道3段运动员开始学习柔道一样。要想在被摔的时候不受伤，就要接受挨打训练，也要掌握进攻技巧。但是，在学习柔道的时候可以活用以前学习空手道时掌握的技能，不是说如果不从头学起，就不能发挥阿米巴长的能力。这正是所谓的“在特定领域具有出色的专业能力”。

阿米巴长学习专业知识是为了做出“判断”，不是为了亲自去执行。专业性是指把现象与过去的经验相对照，做出“应该这样”“这样做比较好”“不能那样想”等判断。这好比盖房子的过程中，不是让阿米巴长亲自拿着刨子去刨木头，而是让阿米巴长在懂得如何刨木头的基础上承担决策等其他职责。

阿米巴长心得 12 条 第 12 条

勿忘自我反省

——拥有诚实之心

阿米巴长要切记一点：以诚实的态度进行反省。

阿米巴长要比任何人都更为认真地思考部门“科”的业绩，并为之负责。正因为如此，看到部门“科”的成长与发展，喜悦之情比任何人都强烈。但是，如果喜悦过了头，把所有的成绩都归功于自己，就容易产生骄傲自大的情绪。

要想让部门“科”在未来能持续成长发展下去，阿米巴长必须博采部门员工所长，听取上司及相关部门的忠告，了解客户需求。决定部门“科”发展方向的阿米巴长，必须具备听得进他人意见的诚恳态度。

要培养这样的态度，阿米巴长需要进行自我反省。每天都要回顾自己的言行，不能忘记自我反省，这样做有助于完善自己的人格。

让反省成为“习惯”

阿米巴长心得的最后一条是“勿忘自我反省”。这是指要有诚恳的态度。

我认为有意识地进行反省非常重要。这不是说只有失败的时候才要反省。一天结束后，要回顾一下“自己今天有没有做得不好的地方”。每天都要重复这件事。通过日复一日的反省，就能养成反省的习惯。

阿米巴长认真、努力、满怀热情地投入工作，再加上运气好的话，部门业绩一定会变好。对于阿米巴长来说，这是极大的喜悦，也是自信的源泉。

但是，如果认为成功是自己一个人努力得来的，那就很危险了。

成功以后，自我在不知不觉中就会冒出来，常说：“我怎样厉害，我怎样能干……”人都具有这方面的倾向。要避免产生这种自大的情绪，就要每天进行反省。要多想想“今天讲话太自大了，这样不好。明天得改”。养成这样反省的习惯是非常重要的，切勿遗忘。

诚恳就是听得进别人的意见

阿米巴长最重要的职责就是把众人的智慧聚集在一起。这是指阿米巴长在确定部门“科”的发展方向时，要听取下属的意见，还要倾听其他部门的建议。

阿米巴长在听取意见时必须有诚恳的态度。

阿米巴长有自信绝不是一件坏事。但如果这种自信变为傲慢，就会听不进别人的意见，从而导致与周围人尤其是与下属的关系破裂。

下属会认为，“那个阿米巴长脑子里只有自己的想法，固执己见，和他说什么都是白说，就按照他说的去做吧”。结果，这个部门就会变成一个不思考的集体。这是非常糟糕的。

对方向自己提出意见后，阿米巴长应该说：“谢谢你的建议，也许是那样的，我知道你的想法了。”这是对对方的一种尊重，归根结底是一种诚恳的态度。

我告诫自己，有句话绝不能对下属说。那就是“你什么都不用想，照我说的去做吧”。

这句话和“工作的事情不用你考虑，像机器人那样干活吧”是一样的。听到这话的下属，可能不会反驳上司，但心里可能会想：“什么都不要想是什么意思？把我当成傻子吗？”而且，他在工作的时候会想工作以外的其他事情。如果是这种状态的话，出错是必然的。不能把人当成机器人，必须让他在工作中发挥思考的能力。阿米巴长的态度可能破坏下属这种努力创新的力量。

对部下的建议说一句“你的提议可能更好”，并采用比原来更好的意见。即使认为自己的想法更好，也必须讲清楚理由，完全没有必要固执己见。如果有人向自己提出好点子，灵活采用就可以了。要做到这一点，阿米巴长需要每天进行反省，保持诚恳的心态。

如何接受失败至关重要

要特别提醒读者的是，注意事情进展不顺利或失败时的处理方法。经常有人问我应如何去接受失败，以及该采取什么样的言行。

我认为，最忌讳的一点就是把失败归罪于周围的人。如果认为“都是因为他才没有成功”，那么就不能正面接受失败的事实。这种态度绝不能对已发生的失败进行补救，也不会在下次的工作当中引以为戒。

我也经历过失败，回想起来，失败以后如何面对，决定了随后的结果。

那是发生在 20 世纪 70 年代的事。京瓷在鹿儿岛新设了国分工厂，我作为经营管理部门的负责人前去赴任。当时被分配的工作任务之一是对外部合作工厂进行培训和管理。

当时设立不久的国分工厂还没有外部合作工厂。于是，经营管理部门牵头招募“有意愿经营合作工厂”的申请者。我们的计划是由申请者成立公司并招聘员工，京瓷将接收这些员工做两个月的实习生。其间他们将在国分工厂学习生产技术，结业以后回到合作工厂，合作工厂就可以开业经营，承接京瓷的外包业务了。

大多数合作工厂都顺利地开始了运营，只有其中 1 家出了事情。经营者竟然中途失踪，用尽所有方法都无法联系上他。

事后回想起来，跑路的经营者当时状态不错，只不过是把精力用在其他经营方面了，在邻省经营其他生意而我们却不知情。大概是资金周转方面出了问题，而且当时我们对他的信用调查也太简单，其结果是该合作工厂的计划成为泡影，只剩下京瓷接收的 15 名实习生。

关于如何解决，我脑中闪现了许多想法，对跑路的这位老板发自内心地感到愤怒的同时，也为如何安排这 15 名实习生感到不安。是结清之前的实习日薪让他们回家呢？还是由京瓷录用这批实习生呢？无论采取哪种方法，都和原来的计划完全不同。

百思不得其解之后，我打电话向在京都的稻盛先生汇报了情况，请示应对方法。

我已经做好了接受严厉斥责的思想准备，结果却没有受到责备。稻盛先生的指示既冷静又简洁。

稻盛先生问："跑路的经营者，今后会不会抱怨，找麻烦呢？"

我回答："我想不会，因为我们是诚心诚意帮助他的。"

稻盛先生问："既然如此，还按照原来的计划继续实习吧。同时，寻找替代的经营者。"

按照这个指示，我们开始重新寻找愿意建立合作工厂的经营者。结果两周后，说"我想做"的经营者出现了。而且，这位经营者还说将会接收这 15 名实习生。

随后我对实习生说明了情况，所有人都表示理解，并同意在新经营者的管理下工作。这样，问题总算解决了。

我非常佩服当时稻盛先生的判断。因为他优先考虑了实习生的立场和当地情况，把事情引向了最好的结果。

我在想，如果让我来做判断的话，能达到这样的结果吗？

我可能会任由自己把怒气发泄在跑路的经营者身上，以不是我们的责任为由，让实习生回家。或者出于同情或顾及面子，由京瓷录用了实习生。无论采用哪种方法，合作工厂都无法建成，还会为以后埋下祸根。要做出稻盛先生这样的判断，就要承认是自己工作方法中出现的问题导致了失败，并在此基础上冷静地观察情况，无疑这样的过程是必不可少的。

也就是说，要想一想“是不是自己存在问题”。只有这样面对失败，才能以开阔的视野去思考如何从失败中恢复元气，而且才能使其成为以后的经验教训。

要想拥有这样的思考能力，必须锤炼自己的思想。为此，反省是必不可少的。

【专栏3】从阿米巴长到董事干部

有机会被任命为阿米巴长，经过培训成为领导者以后，下一步有可能是被任命为董事干部，或者在启动新事业时被任命为新组织的负责人，也有可能被派遣至子公司等关联企业担任重要的职务。

像这样需要提拔担任更大组织或更难运营工作的人才时，一定要有过去的业绩。因为创造出良好业绩的人，或有克服困难经验的人，在面对困难局面时也能出色地发挥自己的能力，完成任务的可能性更大。而且由于受到周围人的信任，这样的人更容易得到帮助。

成为董事干部后，对于企业生存和持续经营的责任更大了。必须在所负责的事业部门内，有效管理人员、物品、金钱和信息，使事业取得发展。特别是对该组织成员的责任更重了。必须以此为依据进行任用。

人类的组织原本就是以能保护该集团的人物为中心建立的。只要跟着这个人，虽然会吃苦，但能生存下去，怀着这样的期待，员工才会看到理想和希望。正因为有这样的期待，人们才会聚集在优秀人物周围，形成一个组织。

人类建立集团的目的是生存。可以说，以优秀领导者为核心建立组织，通过发挥集团的高度组织能力，人类才得以生存下来。人类很难独自生存下去，必须结成团体。其中，会出现对组织进行管理的人，成为领导者。我认为，这点完全可以适用于企业。

给予一个人做领导的机会，通过任命和培养，把他提拔至更高的职位，这点非常重要。

第六章

培养出强有力的干部

20年历史中诞生的“阿米巴长心得12条”

以上逐一对“阿米巴长心得12条”做了说明。

此“阿米巴长心得12条”是在我担任KCCS公司董事长兼总经理的20年历史中诞生的，并作为公司内部培训阿米巴长的教育内容沿用至今。

KCCS公司是京瓷内部孵化的小微事业于1995年10月独立后成为京瓷的子公司的，由我兼任总经理，成立之初员工人数只有300名左右，当年12月，通过并购加上KCCS当年招聘的营销人员在内，员工人数一举达到了700名以上的规模。公司内部既有来自京瓷的员工，也有来自并购公司的员工，还有新招聘的营销人员，当时的人际关系相当复杂。

而且，KCCS公司属于信息系统和通信系统行业，对于制造业的京瓷集团来说是向不同业务领域进行挑战。

在这样的环境下，应该如何经营新的KCCS公司呢？尤其在如何使员工团结一致，怎样把大家的想法统一到“为了新公司的事业而努力工作”上，我非常苦恼。幸运的是，我们拥有在京瓷公司学到的“京瓷哲学”和“阿米巴经营”的管理手法，于是我决定把这两种工具导入KCCS公司，将其作为公司经营的基础。

因此，在完善“阿米巴经营”体制的同时，从第一年开始，我就组织全体员工学习京瓷哲学。此外，我做的另一件事是培养“强有力的干部”。经营干部当然也很重要，但我考虑的是，如何对带有“实际在现场指挥下属，提高利润”使命的部长和阿米巴长进行培训。

KCCS公司在2012年3月达成了集团销售额1,000亿日元的经营目标。可是，在以往的发展过程中，被迫经历了长期通货紧缩、IT泡沫崩盘及金融危机等全球性经济危机，事业运营异常艰难。

此“阿米巴长心得12条”也是在金融危机最严重的2009年诞生的。那一年，在极度不景气的经济环境中，受IT投资减少及通信运营商投资重组的影响，KCCS公司接到的订单减少，与上年同期相比，最初制订的年度计划中，收益及利润大幅度降低。而且，由于经营管理咨询业务的前景不明朗，订单被中止或被推迟的情况屡屡发生。

我希望“公司在这种不景气情况下也能取得持续发展”，并且“为了增强员工的信心，让他们向更高的目标挑战”，制订了务必完成年度计划的“承诺计划”。此外，还制订了通过新事业来增加销售额和利润的“挑战计划”，呼吁大家为实现“增加销售额、增加利润”的“挑战计划”目标而努力。在这项挑战计划中，由现场员工提出新事业及提高市场占有率的具体课题，针对每个课题进行进度管理，最终目标是实现“挑战计划”。结果，全体员工都开始向“增加销售额、增加利润”的“挑战计划”发起挑战。

完成这项“挑战计划”的核心是现场管理者，也就是阿米巴长，所以我认为必须提高现场管理者阿米巴长的领导能力，于是从8月开始举办“阿米巴长培训”。这就是“阿米巴长心得12条”培训的起源。

培训最大的目的是“提高现场阿米巴长的领导能力”，以所有阿米巴长为对象，所以当时花费了近3个月的时间。

我对这次阿米巴长培训的结果如何反映在实际业绩上非常感兴趣，并给予了密切关注。尽管最初的承诺计划是一项减少收入、减少利润的计划，但在年底的核算中，“挑战计划”也几乎达成，我们做到了“增加销售额、增加利润”。如果这一年制订的计划中，没有追加超过上期的“挑战计划”，情况会怎样呢？

恐怕连初始的年度计划也无法完成，大多数员工会认为“在全球性不景气的情况下，我们也无能为力”。相反，虽然制订出的计划看起来非常困难，但我们主动向“挑战计划”发起挑战，结果在不景气的情况下也使得业绩增长，极大增加了员工的自信。

而且，在现场，我能切实感受到以阿米巴长为核心的“现场能力”得到了提升。我认为后来的销售额增长与此存在密切的关系。

有能力的干部能把文化背景和做事方法各不相同的员工团结在一起

这套“阿米巴长心得12条”能够发挥巨大作用的另一个案例是，在成立KCCS移动通信工程株式会社（以下称为KCME）的过程中发生的例子。该公司成立于2011年，是为了向某通信运营商开展业务，把KCCS的部分业务与KCCS的两家子公司的业务合并以后成立了KCME公司。在合并之前，我们就预料到会存在许多困难。

首先，KCCS和其中一家子公司有15年的历史，而另一家子公司已有44年的历史，所以，自然而然会拥有不同的企业文化、不同的企业内部规章制度，甚至连使用的语言都有所不同。在这种情况下，任何人都清楚整合并非易事。而且，这三家企业的总公司分别设在东京的三田、浅草桥和横滨，且都在全国设立了办事处。我认为有必要把东京地区的办公地点集中在一处，所以开始进行探讨。因员工人数众多，搬迁会耗费大量资金，所以不少董事的意见是“暂时还是按照原来的位置设立办事处比较好”。但我认为，既然新公司的目标是“提供移动通信方面的一条龙服务”，如果办公地点不集中在一个地方，就无法为客户提供满意的服务，所以最终排除万难，决定把办公地点集中到一处。

公司合并项目小组成立于2010年12月，计划到第二年4月1日组建新的公司，也就是说只有3个多月的资源整合时间。而且，关于子公司的员工，因原来的公司已经不存在了，所以制定了原公司的全部董事仍是董事，部长、阿米巴长的职务也都保留的方针。在此基础上，重新进行了组织编制，有些部门出现了“上司换人”或“下属换人”的情况，一个组织由来自不同公司的员工组成。因此，人际关系可能变得非常复杂。

但是，之所以要如此迅速地进行整合，是因为如果不尽快成立有整体感的公司，就会产生无法跟上客户速度的危机感。

就在紧锣密鼓地开展筹备工作之际，3月11日东日本大地震发生了。因为我们负责手机基站的维护工作，所以应运营商要求，必须马上派遣修复小组赶赴地震灾区。当然，计划合并的三家企业中，有不少员工都参加了这个修复小组。这样，东京、东北及北海道的办事处的整合工作受到很大影响。不过，新公司成立的工作总算还能按照计划进行，2011年4月1日，拥有540名员工、11个办事处的新公司KCME成立了。

对于这家新公司来说，最大的课题就是所有员工能早日作为新公司的一员，团结一致，共同开展工作。为此，我们把“员工团结”作为最大目标，在公司成立的同时，向全体员工配发了新公司的“组织文化”和“开展工作的5种态度”，并组织了培训。

这次培训首先从现场管理者部长和阿米巴长开始。这是由于考虑到要提高“员工的团结力”，在提高部长、阿米巴长领导能力的同时，先要做到部长和阿米巴长之间的团结一致。把部长也列为培训对象，是由于当时的部长在担任阿米巴长时期未曾接受过这样的培训。

这次培训中，接受培训的部长和阿米巴长非常多，约为 120 人，所以花费了长达 7 个月的时间。公司成立之初，内部规章制度及事务处理流程都发生了改变，相当混乱，但在这样的情况下，还是组织了针对业务最前沿的阿米巴长进行培训。

在本次培训中，以前从未见过面的部长、阿米巴长们能够开展交流，大家的认识越来越统一，“我们不论来自哪个公司，都是 KCME 的一员”。

公司成立的第一年，受日本大地震的影响，客户的经营计划也相继发生了变化，形势非常严峻，但我们仍然成功实现了盈利。此前从未一同工作过的、经历等都完全不同的三家企业的员工团结一致，尽管公司的经营处在新下属、新上司的关系中，但是从第一个年度开始就能取得如此业绩，我认为成功的原动力是“现场的阿米巴长的超水平发挥及卓越的团结力”。

我认为，像这样培养出能理解“阿米巴长心得 12 条”并付诸实践的“强有力的干部”，是整个公司得以发展的要因之一。

培养现场管理者是日本企业复活的诱因

当时，在公司组织培训“阿米巴长心得12条”的最后一节课上，我总结出以下几点。

阿米巴长必须拥有以下思维方式：

①必须认识到自己是一线的管理者，勇敢行动，达成目标。

②仅仅知道“阿米巴长心得12条”是没有意义的。必须反复阅读，加深理解，并积极实践。

③提高企业家精神，经常思考企业的成长与发展。

这里所说的企业家精神，是指面对领导指示的任务，能够独立思考“我想这样做，我想那样干”。

④提高现场管理能力。

通过此举可减少不合理的浪费，提高生产效率。

⑤必须培养人才。

拥有“把普通员工培养成优秀领导者”的意识。正因为自己是现场管理者，所以应该做到手把手地对新员工进行指导，尤其是最初的两三年的教育非常重要。而且，最好能培养出几位下一任阿米巴长候选人。

这也是我对本书做的总结。

实践这套“阿米巴长心得 12 条”，并在企业内建立相关企业文化，这当然是经营高层及干部们的职责。而且，我确信，通过这样的培训，作为现场管理者的阿米巴长也能参与到经营中，阿米巴长们通过不断的创新，提高现场管理能力，乃至于提高全公司的终极目标——“利润”，为日本企业带来真正的复兴。

后 记

在我担任 KCCS 管理咨询株式会社（KCMC）董事长的时候，每年组织两次“阿米巴长培训”。每次参加人数约为 30 人，培训学员的年龄从 30 多岁到 50 多岁，跨度很大，既有资深阿米巴长，也有新上任的阿米巴长。这 30 人在参加两天一夜的培训时，共同思考部门运营问题，共同学习，在恳亲会上交谈，形成自己独特的领导思维模式。

这 30 人不仅年龄不同，在公司里的资格等级也不同。既有负责管理监督的管理者，也有资格等级是普通等级的员工，还有公司需要支付加班费的年轻阿米巴长。在资历差异如此巨大的学员中，年轻的阿米巴长如实地向前辈倾诉自己的苦恼，前辈予以解答并给出建议，老阿米巴长们似乎也被年轻人的真诚所打动。

这是年龄和岗位各不相同的 30 人。这 30 人都担任着“阿米巴长”的职务，每天为实现部门“科”的目标而奋斗。有时需要激励下属，有时需要严厉批评。召集会议介绍部门“科”的经营现状，对每一个人提出期望。或者在结束工作以后，又在恳亲会上用心良苦地进行团队建设。这样一直奋战了12个月。

“阿米巴长培训”能够加深这些拥有共同辛苦、烦恼和喜悦的领导者之间的连带意识及团结性，是一次非常愉快的培训。

2014年度的阿米巴长培训分两次举行，分别在2014年9月和2015年2月举办。第一次以静冈市的酒店为会场。在第一次培训临近尾声的时候，KCMC的阿米巴长们总结出了一个KCMC阿米巴长的信条。他们的行为让我深受感动。

培训开展以探讨为主。开头是观看稻盛先生的视频和我的讲话。然后，阿米巴长们进行讨论，针对他们的发言，我和总经理浅田先生做出点评，大家相互陈述观点。

每个人都陈述了自己的想法，为了使每位发言者的想法更加完善，大家纷纷给发言者提出自己的建议。由于培训过程中要住宿一晚，所以晚上大家一手端着罐装啤酒，围坐在一起，畅谈至深夜。

在培训最后一天，30名阿米巴长齐聚一堂，总结出自己的信条。他们称之为“KCMC阿米巴长的信条”。

①我们将在整个职业生涯中，把向社会普及阿米巴经营作为自己的使命；

②我们将把哲学付诸实践，提高判断、决策水平；

③我们认识到语言的重要性，会经常使用正面的、积极的

语言；

④我们相信下属的能力和才干，将严格培养下属；

⑤我们将坚持提高一线的水平；

⑥我们将互相团结，良好沟通，创造积极的、强大的企业。

这6项信条是全体员工按照自己的意志总结的，而且，全体员工宣誓将在工作中践行。

我认为人的“决心”是非常重要的，尤其是阿米巴长的决心影响很大。阿米巴长真心决定去做的事，会直接作为指示影响下属，而且还会形成部门“科”的氛围，对下属产生间接影响。也就是说部门“科”是按照阿米巴长决定的“这么做”的决心去运转的，其结果将决定部门的业绩。虽然公司的经营方针是由部长或总经理制定的，但理解并传达给下属、向下属作出实际指示的都是阿米巴长。阿米巴长的想法和决心将使部门的业绩发生变化。这就是现实。

正因为我有以上想法，所以我认为这次代表所有人表决心的KCMC的30名阿米巴长非常了不起，虽然他们是自己企业的员工，但我还是要表扬他们，非常期待他们在今后的工作中大有作为。

阿米巴长虽然非常了解一线的工作现场，但是，是初次站在经营者的立场上开展管理工作。所以需要特别注意的是，阿米巴长一定要拥有保护团队、引领部门的作为“负责人”的自觉性，即具备做出正确判断的坚定意志、积极的行动力、作为指导者的心态。希望读者们能学会并掌握这些。

我认为，从某种意义上说，担任阿米巴长这一职务是一种利他的行为。阿米巴长应该为下属、为部门竭尽全力。或者说，应该让客户满意，为社会做贡献。阿米巴长既责任重大，又能按照自己的意志主动地开展工作，具有无法替代的工作成就感。

请务必用以上观点看待阿米巴长这一职务。而且，最好能在履行这一职责的同时，进一步开阔视野，扩大活跃的舞台。

本书是继《阿米巴经营（实战篇）》之后，我的第二部著作。谨向在本书出版过程中给予大力支持的幻冬舍传媒咨询株式会社以及协助完成编辑工作的KCCS管理咨询株式会社的总经理浅田英治、顾问井田芳夫、堀直树、八代彩子、濑山晓夫致以谢意。衷心希望本书能对读者们有所裨益。

森田直行

图书在版编目（CIP）数据

阿米巴长心得12条 /（日）森田直行 著；薛锦展 译 . — 北京：东方出版社，2019.8
ISBN 978-7-5207-1008-4

Ⅰ. ①阿… Ⅱ. ①森… ②薛… Ⅲ. ①企业管理—经验—日本—现代
Ⅳ. ① F279.313.3

中国版本图书馆 CIP 数据核字（2019）第 080112 号

阿米巴长心得12条
（AMIBAZHANG XINDE 12 TIAO）

作　　者：[日] 森田直行
译　　者：薛锦展
责任编辑：贺　方
出　　版：东方出版社
发　　行：人民东方出版传媒有限公司
地　　址：北京市朝阳区西坝河北里51号
邮　　编：100028
印　　刷：鑫艺佳利（天津）印刷有限公司
版　　次：2019年8月第1版
印　　次：2019年8月第1次印刷
开　　本：880毫米 ×1230毫米　1/32
印　　张：5.75
字　　数：120千字
书　　号：ISBN 978-7-5207-1008-4
定　　价：48.00元
发行电话：（010）85924663　85924644　85924641